王照 編著

把人
看到骨子裡的
讀心智慧

活學活用
讀心術
MIND-READING

全集

愛因斯坦曾說：
想要讀懂一個人，
千萬別只看他的外表，
而是要懂得拆開那些外在的精美包裝。

的確，在這個滿是虛偽與狡詐的社會，想知道對方究竟是什麼樣的人，
千萬別被包裝過的外表迷惑，而要透視對方的內心，一眼看出他的底細。
想透視對方的內心並不困難，秘訣就在於掌握口是心非的人性。
只要靈活解讀對方肢體語言，你就可以擁有一對讀懂人心的慧眼。

出版序 ● 王 照

你必須知道的讀心術

想要瞬間讀懂人心，其實並不困難。
即便是初次相見的陌生人，
你都可以憑第一印象抓出對方的目的與
可能隱藏的個性、心思。

心理學家皮爾斯・斯蒂爾曾說：「人世充滿了虛偽和恭維，以致人們的言詞，幾乎不能代表它們的想法。」

正因為如此，我們更要運用身體語言的概念，藉此洞悉別人內心深處隱藏著的心思，把人看到骨子裡，提防自己在人性叢林中受騙上當。

一個人不管如何遮掩，內心深處最真實的一面，一定會透過表情、情緒反應、肢體動作和特殊偏好顯現出來，想在這個爾虞我詐的社會行走，就必須具備讀人讀心的重要本領。透過細膩的觀察，我們就可以迅速研判出對方心裡正在想什麼，是不是口是心非或言不由衷；提高自己的觀察與判斷能力，在人際關係中就可以無往不利。

心理學家愛德華・赫斯博士曾說：「想要看透一個人，不要只會用耳朵去聽他說些什麼，而是必須用眼睛去看他做些什麼。」

這是因為，一個人的真正心思，往往會在做了言不由衷的事情之後暴露出來。想要瞬間看透一個人，就不能光看他表現出來的那面，也不能光聽他說出來的話，而要從細微之處看穿他極力

掩飾的另一面，以及藏在心中沒說出來的真正心思。

想要把人看透的秘訣並不困難，重點就在於你是否懂得口是心非的人性。想要知道對方是什麼樣的人，想瞬間讀懂對方的心思，就千萬不能只用耳朵判斷，必須用眼睛仔細觀察他的一舉一動。

人與人之間，免不了必須進行溝通、互動。

從家庭、學校、職場，甚且社會，一個人的「成長」，說穿了就是透過不斷與他人相處從而逐漸改變、成熟的過程。

不妨想想，一天二十四小時之內，可能會碰上哪些人呢？想來數目應該不少！其中必定有已經相互熟識的，但也有可能是完全陌生卻不得不打交道的。無論面對哪一種，你有把握地與他們進行良好的互動，順利完成自己的期望與目的，而不使自身權益受損嗎？

回想一下過去的經歷，恐怕絕大多數人的答案都偏向於否定。

想要瞬間看穿人心，其實並不困難。即便是初次相見的陌生人，你都可以憑第一印象抓出對方當下的目的與可能隱藏的個性、心思，且屢試不爽。不用懷疑，事實上，這就是「讀心術」的巧妙之處。

阿諾德曾說：「透識一個人的最快速方法，就是將他全身剝光，讓他赤裸裸地站在眾人面前，然後再看他做出什麼反應。」

因為，如果這個被「剝光」的人，是一個行事光明磊落的君子，沒有什麼不可告人之事，那麼他就不會在眾人面前驚慌失措，如果這個被「剝光」的人，是一個專門幹無恥勾當的小人，那麼當他赤裸裸地站在眾人面前，就會手足失措，深怕自己的馬腳會不小心曝露出來。

　　唯有冷靜觀察對方的肢體語言，對細微變化旁敲側擊，我們才能真正掌握一個人的真實內在。

　　人是最擅長偽裝的動物，現實生活中道貌岸然的小人很多，如果你不想老是受他們宰割，那麼就得放聰明一點，才不會老是受騙上當。

　　我們遭遇的人，可能比我們想像中正直，也可能比想像中陰險，交往之前必須先摸清對方的人格特質與心理需求。從一個人所傳達的肢體語言，我們可以迅速研判出對方是友好的或是狡詐、充滿敵意的；具有這種觀察能力，在人際關係中就可以無往不利。

　　人人都有個性，影響著他們的思想、喜好，進而決定他們表現在外的所有行為，只要不刻意掩飾──其實，就算用盡心機，還是會有小小的「馬腳」露出來，瞞不過真正懂得讀心的聰明人。

　　學會從小地方看人性，你必定可以得到很大的實質收穫，無論面對上司、同事、下屬、客戶、朋友、家人，都將立於不敗之地。為什麼呢？原因很簡單，因為你已經完全把他們的心思掌握在手裡。

Part 1

用手搗嘴巴，表示正在說謊話

無意識地把手捂在嘴巴上，就是表示在說謊或
者是在說別人的壞話，總之是在做一些不好的
事情，而想要掩蓋自己真實的一面。

Part 2

呸嘴巴流露心中輕蔑的想法

人會用呸嘴巴的方式來表達不滿，呸嘴隱含著不把
對方當成人來看待的意思，是一種極度輕蔑對方的
行為。

Part 3

培養正確的直覺能力

培養正確的直覺能力的方法，除了以第一印象的直覺來洞悉，必須再佐以對此人實際行為的判斷來證明直覺。

Part 4

表現弱勢是為了製造優勢

使對方覺得你很渺小，是引誘對方講話的最佳辦法。因為當對方向下注視時，心理上很自然地便會產生一種優越感。

Part 5
從色彩的喜好透視個性

人類的心理既然與色彩具有密切的關係，我們
當然可以利用它做為判斷對方心理的材料。

Part 6
看清性格上的「假面具」

有些人因為戴上與自己本性完全不同的假面具，很
快就會露出馬腳，而陷入自我矛盾的煩惱中。

Part 7

只顧小事的人容易發生爭執

僅注意到細微末節的人，像兒童般的幼稚，凡事均以
自我為中心，而且是屬於尚未穩定的自我。

Part 8

死皮賴臉，說話充滿壓迫感

有的人臉部表情非常貧乏，反應並不太明顯。因
此死皮賴臉的人，為確認自己講話的效果，會一
再重複使用「所以」二字。

Part 9

準確識人，才能遠離小人

僅僅憑外在條件就對一個人下定語，往往是不可靠的，也是不可取的。

Part 10

收藏展現自身的生活追求

喜愛收集衣服飾物的人，大都愛打扮、喜歡揮霍，想透過外表使自己成為眾人矚目的焦點。

Part 11

性格不同，紓壓方式就不同

用睡覺放鬆自己的人多半很聰明而且實際，無論在什麼時候都知道自己的目標，並且會努力尋找最快捷的方法。

1

用手摀嘴巴，
表示正在說謊話

無意識地把手捂在嘴巴上，
就是表示在說謊或者是在說別人的壞話，
總之是在做一些不好的事情，
而想要掩蓋自己真實的一面。

MIND-READING

情緒會洩露一個人的底細

在這個偽詐多變的社會中，你不僅要學會控制自己的情緒，也要看得懂別人的情緒和脾氣。

　　一個人內心深處的盼望與真實目的，一定會不經意地透過肢體動作表現出來。這是因為人們心裡想說的話，無法直截了當說出來，才會無藉由各種小動作來表達。懂得運用身體語言的概念，來洞悉別人內心深處所隱藏著的心思和感情，將有助於我們更加瞭解人性，提防自己在人性叢林中受騙上當。

　　從一個人的肢體語言傳達，我們可以迅速研判出對方是友好的或是狡詐、充滿敵意的；具備這種觀察能力，在人際關係中就可以無往不利。如果我們平時詳加觀察週遭人物的肢體動作，久而久之就能揣測出他們最真實的心理狀態。

　　有的人喜歡妝點自己，平日一副道貌岸然的模樣，說起話來頭頭是道，儼然是博學多聞的紳士。但是，只要一被激怒，就會自動現出原形，讓別人看清他們原來的德性。

　　日本某家電視台，找了一百位議員來上節目，節目中由主持人發問，然後再聽取這些議員的意見。

　　由於節目是現場直播，而且每位議員都被刻意分隔開來，因此並不會看到彼此回答問題的情況。

　　不久，主持人開始提出詢問，每一個問題都非常嚴苛，並且

直涉核心。剛開始時，這些議員們都回應得不錯，但是，在主持人猛烈且毫不客氣的質問下，慢慢地有些人開始回答得亂七八糟。

這讓許多人甚至是主持人，都對他們產生了藐視的心態。接著，主持更提出了一個敏感的問題，這時有個議員發怒了，生氣地對主持人說：「別開玩笑了，我不會再回答你的任何問題。」

說完後，這個議員便氣憤地離開了，不過攝影機仍一路跟拍，還將他離開會場的情況也拍攝下來。

其實，這個節目早已設計好了陷阱，目的就是要讓對方陷入圈套。

因為，議員們平時在議會或記者會上，只會公然說謊，說些冠冕堂皇而公式化的見解，很難聽到他們的真心話，所以，為了讓議員們能說出心裡真正想說的話，節目的製作團隊想出了許多點子和問題，更企圖以刻薄的問題，來引爆他們的脾氣。

而這個方法也真的奏效了，這群在議會上對答如流的議員，不只說出了平日所不會回答的問題，也真實地表現出他們的脾氣和做事的態度。

從這個例子我們知道，修養不夠或是能力不夠的人，其實一探便知，他們只要被別人激怒，就會原形畢露，而且往往不知道如何控制自己的情緒，是非常容易攻破心防的對手。

在這個偽詐多變的社會中，你不僅要學會控制自己的情緒，也要看得懂別人的情緒和脾氣；能夠知己知彼，你才不會受制於人，反而能將對手操控於手掌之中。

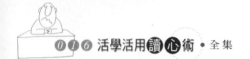

如何讓對方不知不覺說出真心話

想聽到對方的真心話，最好的方法是，熟知談話的基本原則，配合對象、情況臨機應變。

　　在現代社會中，人際關係就猶如空氣一般，誰也脫離不開這張無形的巨網，但是，光靠廣泛的交際，無法建立良好的人際關係。

　　你必須了解誰是專說謊話的小人，小心而嚴密地加以提防，也必須知道誰才是值得你用心交往的對象，然後讓彼此的關係更緊密。

　　想要建立良好的人際關係，首先必須判斷什麼是真話，什麼是假話。

　　相信很多人常會嘆息說聽不到對方的真心話，那麼，要怎樣做才能聽到對方的真心話呢？

　　最好的方法是熟知基本原則，配合對象、情況來聆聽。

　　以下就來談談引導出真心話的七項基本原則：

　　1.讓對方覺得自己是重要的人物。

　　2.事先收集有關想聽到的知識。

　　3.擁有自己的意見。

　　4.擁有真的想聽的熱情。

　　5.謙虛的說話表情。

6.努力耐心聽出真心話。

7.從平常就努力建立信用。

將此七項基本原則放在腦中,將可提升聽出真心話的準確度。然後,以這幾項原則為踏板,更進一步故意帶出對方所討厭的話題,或是設法激怒對方,這有時也是必要的。

要言之,就是以基本原則為基礎,配合對象、情況做臨機應變。

以下是十六項聽出真心話的原則:

1.讓對方覺得自己是重要的人物。

2.具體讚美對方的優點。

3.事先收集有關想聽到的知識。

4.讓對方覺得自己調查得很仔細。

5.嘗試說出自己的意見與感想。

6.將感情融入對方。

7.表現出真的想聽的熱切期盼。

8.謙虛的回應。

9.談談自己的缺點、失敗經驗。

10.努力耐心聽出真心話。

11.從平常就努力建立信用。

12.有時要直接切入問題核心。

13.有時要嘗試突出對方的意見。

14.嘗試故意說出反對的意見。

15.故意帶出對方討厭的話題。

16.激怒對方,觀察其反應。

運用上述幾項原則,聽出對方真心話的比例會相當高,可以活學活用。

必須提醒的是，第十六項「激怒對方，觀察其反應」的方法，建議你最好不要胡亂使用。只有在自己對對方有極大的包容力時、判斷內容有值得激怒對方的價值時、對方的性格是屬於不會記恨時，或是覺悟到即使破壞人際關係也在所不惜時，才可以運用這個方法。

看人的眼神是一門大學問

心理學家一致認為，眼睛比嘴巴還能傳達情意，
所以，為了讓對方仔細看著你的眼睛，你就必須
直視對方的眼。

　　觀察眼神是研究一個人的入門，因為當一個人看到令人振奮的東西時，潛意識中瞳孔會自動擴大，這是無法控制的自然反應。

　　我們也可以將這項心理反應活用在日常生活和工作場合之中。

　　假如你是一個推銷員，推銷業務的時候，不妨仔細注意一下眼前顧客的眼神。

　　一般顧客的警戒心理都很強，不會輕易表現真實的心意，你可以一面介紹產品，一面注意對方的眼神變化，大致上就能明白他們被哪種商品吸引，或者他們對哪種商品較有興趣。

　　只要你能注意到這一重點，成功的機率必然可以提高許多。

　　新到一個陌生的工作環境，如何與上司交談是個重要的關鍵。

　　一個優秀的上班族只要能以尊重的表情和謹慎的語氣，選擇有利時機，保持不卑不亢的態度跟上司交談，那麼必定能與上司進行成功的互動，對自己的日後升遷大有助益。

　　在人的肢體語言中，有一項很重要的「表情」，足以讓談話進行地得順利，也足以讓對方感到不愉快，那就是──眼神。

　　在工作場合裡，人和人面對面時，視線投射方式是一門大學問，一不小心就會讓對方心生不悅。如果男性的交談對象是女性，

一直把視線射向她的胸部，必然會讓她覺得很嫌惡。那到底該怎麼做比較好？

首先，要記住的是直視對方的眼睛。

當你要請別人聽你說話、想傳達自己的想法、讓對方有所行動時，就必須看著他的眼睛說話。

心理學家一致認為，眼睛比嘴巴還能傳達一個人的情意，所以為了讓對方仔細看著你的眼睛，你就必須直視對方的眼。要是視線往下投射或東瞄西看，就會阻礙你想要傳達的意念。

再來就是要了解，對方的「額頭到肩膀」是視線的範圍。

和人說話時，看著對方眼睛說話是基本禮貌，但若一直注視對方的眼睛，彼此之間就會產生壓迫感。為了緩和彼此的這種壓力，你的視線上下可以觸及頭部與肩膀範圍的四邊形，上限是額頭，但是，要避免注視髮際，下限則是肩胛骨的稍下方，左右可及肩寬程度。

要特別注意的是，千萬不要用「掃瞄」的眼神看對方，那是一種非常不禮貌的行為。至於對方可能會在意的部位，也不要停留目光，比如像是傷口、塌鼻子、痘痘或痣……等等。

注意到基本的「看人」原則，視線就不會讓對方產生不愉快的感覺。

把手放在口袋，是因為不自在

很多人不自覺地在走路的時候會把手放在口袋裡面。這是通過接觸自己的身體來尋求親密性的「自我親密行為」。

走路的時候，有的人總是喜歡把手插在口袋裡面，這樣的動作表示了什麼樣的心理狀態呢？

人為了掩飾自己的弱點，或是基於保護自己的心理，常常不由自主的觸摸身體的某個部份，心理學家將這種行為稱為「自我親密行為」，這是一種心理壓抑所造成的自我安慰行為。

這種行為相當平常，例如有的人獨處時，經常用兩手環抱雙膝，有的人走路時將手放在口袋，這兩種姿態都意味著強烈的「自我親密」。

如果我們觀察一下以前的舊照片，就會發現有很多照片中的人物都是把手放到口袋裡面，他們拍照的時候雖然會擺出各式各樣的姿勢，但是，都會下意識地隱藏自己的雙手。

把雙手藏起來是「謹慎」心理的表現。

走路的時候，有人經常把手插在大衣、夾克或者褲子的口袋裡面，而且不僅是男性，這樣的動作也經常出現在女性身上。

很多人小時候都被母親訓誡說：「把手插在口袋裡面走路很不雅觀，不要這樣做」，但是，只要一不注意還是會不自覺地把手插到口袋裡面。

　　這是因爲，走路的時候，大部分人並不是刻意想要把手插在口袋裡面，而是覺得如果不把手放在口袋裡面，心裡面會覺得很不自在，因此，就有很多人不自覺地在走路的時候把手放在口袋裡面。

　　實際上，這是通過接觸自己的身體來尋求親密性的「自我親密行爲」。

頻頻點頭，並不代表贊同

附和和同意，在頭部動作上有稍微的區別，很多
人卻毫無區別地任意使用這類動作，因此讓人覺
得很困擾。

美國人在聽別人說話的時候，不會頻頻點頭附和對方。

有個笑話說，一個美國商人和一個台灣商人在商談的時候，
因為台灣人一直不斷邊點頭邊說著「好」，美國人認為商談成功
了，但是就在拿出合約書要對方簽署的時候，台灣商人卻回答說
「不」，因此，美國人就認為中文裡面的「好」就相當於英語的
「不」。

這種情況在日常生活中也經常發生。一般人和對方進行談話，
為了不傷害對方的感情，會一邊向對方表達「我明白你所說的」，
一邊點頭，同時也回答「好的」。但是，有些人卻解讀成這樣的
點頭附和，是表示「我同意你所說的」，因此造成認知上的嚴重
差距。

一般人談話的第一守則，應該是儘量不要給對方帶來不愉快
的感情，因此，即使自己認為對方說的話很沒有道理，也會在臉
上微笑保持，並且還是會附和對方的意見。也因此，人與人之間
總是會產生誤會。在交際場合下，不能因為看到對方頻頻點頭，
就信以為真地認為對方贊同自己的想法。

生意人經常一邊附和對方或是用一邊回答「好的」，像這種

程度的附和，只是表示「我正在聽你說話」或者「請你繼續說下去」的意思。

如果是慢慢地點頭的話，那麼在大多數情況下就是表示「我同意了」的意思。

附和和同意，在頭部動作上有稍微的區別，很多人卻毫無區別地任意使用此類動作，因此讓人覺得很困難。所以，在生意商談的場合下，若只是為了附和對方的話，那麼最好事先做出說明：「我有時候會點頭附和你，但是那只是表示禮貌而已，並不是表示同意的意思。」

這樣事先說明一下會比較好。

用手摀嘴巴，表示正在說謊話

無意識地把手捂在嘴巴上，就是表示在說謊或者是在說別人的壞話，總之是在做一些不好的事情，而想要掩蓋自己真實的一面。

　　有的女性為了讓別人覺得自己優雅端莊，笑的時候會用手摀著自己的嘴巴，然後「呵呵呵呵」地笑。

　　看到這樣的動作，大部分的男性會覺得：「這個女性好可愛。」張開嘴巴大笑的女性在東方是很少見的，即使有，一般男性也不會覺得她可愛。

　　但是，在歐美國家，男性似乎並不覺得摀著嘴巴「呵呵呵呵」的笑是可愛的表現，反而會讓他們留下很不舒服的感覺。

　　我們常常見到，有的女性笑的時候會把手摀在嘴巴上，然後「嘻嘻嘻」地笑，當然也會有女性故意做出這樣的姿勢來引起別人的注意，但是一般男性聽到這樣的笑聲和姿勢都會覺得很不安。歐美男性看到女性掩著嘴巴「呵呵呵呵」笑的感覺，應該也是這種感覺。

　　歐美國家的孩子，從小就被教育「要用語言好好地把自己的意思表達出來」，用手掩著嘴巴這樣的動作就傳達了「我正在說謊」的訊息，所以他們絕對不會有意地把手掩在嘴巴上。

　　至於無意識地把手摀在嘴巴上，就是表示在說謊或者是在說別人的壞話，總之是在做一些不好的事情，而想要掩蓋自己真實

的一面。

　　但是，東方人卻認為，女性搗著嘴巴笑是一種高雅的姿勢，而張開嘴巴笑被認為是很粗魯的行為，而且會被長輩教訓「不許這樣笑」，甚至在一些場合下，還會聽到這樣的訓斥：「這麼無聊的事情有什麼好笑的。」

　　因此，隱藏起自己的笑容，在我們看來是比較端莊的表現，但是在歐美人眼裡，卻好像是在背後說著別人壞話的感覺。

真相與荒謬只相差一秒鐘

觀察角度不同，自然就會得到不同的結果，但是有的人不僅觀察力差，還會任意捏造，不願對事件的真實性負責。

　　當人們觀察真相的能力薄弱時，片面之詞或以偏概全的情況便會增多，不僅會造成諸多社會亂象，做事更欠缺謹慎，一旦造成真相與荒謬的爭論，問題便難以找到解決的辦法。

　　在一個心理學的會議上，正當與會學者熱烈討論之時，突然莫名其妙闖進了一個人，而且這個人身後還緊跟著另一個人，兩人就這麼在會場中追逐，使得整個會場陷入一片混亂。

　　不久，在後面追著的那個人，在混亂中開了一槍後，便衝了出去。

　　其實，這是主辦單位精心安排的戲碼，整個過程大約持續了二十秒鐘，主辦單位還將會場裡的情況全部錄了下來。

　　隨即，會議主席請與會的所有心理學家們，詳細寫下自己目睹的經過。結果，主辦單位發現，交上來的數十篇報告中，僅有一篇在事實描述上，發生的錯誤低於百分之二十，其他有十四篇的錯誤情況大約百分之四十；另外二十五篇則有百分之四十以的錯誤，還有二十篇以上的報告中，竟然大部分的細節純屬捏造。

　　類似這種「觀察能力」的實驗，有不少心理學家重複進行了許多次，結果情況都大致相同。

　　這項實驗證明了一個普遍的情況：人在觀察事物的時候經常充滿盲點。

　　觀察角度不同，自然就會得到不同的結果，但是有的人不僅觀察力差，還會任意捏造，不願對事件的真實性負責。

　　這是因為，在事發當時，大多數人都沒看見問題的癥結。

　　實驗所表達的，是人們觀察力不足時的嚴重性，也說明了，真相與荒謬之間的差別，就在於你多專注觀察的那一秒！

　　法國文豪雨果在他的著作《鐵面人》中，曾經這麼譏諷地寫道：「天底下最可憐的笨蛋，是那些從來不懷疑別人可能言行不一，而對別人所說的話一味地信以為真的人。」

　　確實如此，現實生活中，專門欺世盜名卻沾沾自喜的「專家」並不在少數，如果不懂得透過觀察看穿他們虛偽的一面，就經常會迷惑於他們的聲名而遭到誆騙，甚至吃虧上當。

　　要洞察一個人的真實面貌，重點並不在於聽他的嘴巴說了什麼，而是用眼睛看他究竟是怎麼辦事的。

不要讓眼睛長在頭頂上

自大的人的特徵，就是他們非常缺乏實際的行動，他們只是光憑一張嘴說得天花亂墜，卻不會真正的把話兌現。

大家都應該不太喜歡自大的人，所以也很難把自己真正的想法坦白告訴他們。

因此，自大的人往往沒察覺到自己想法的不成熟，或知識的不足，更不用說發覺到自己缺乏學習與不明世故的一面。

自大的人總是覺得，我可以依照自己的想法去解決所有的問題。一個人如果用這種自命不凡的態度來生活，必定會在無形中遭受許多的挫折，或錯失無數可貴的學機會。

而且，當你以這種態度過活時，周圍的人都會敷衍你，包括你的親人、朋友、部屬或顧客。他們不會告訴你內心真正的想法，而是在和你做表面的交往，只是你一直沒察覺而已。

每一個人都不喜歡得罪別人，所以不會有人來糾正你的自大態度。即使是上司也不想讓部屬討厭，他們寧可表面上對你說：「你表現得實在太棒了！」但心裡其實是這樣想：「這個驕傲自大的傢伙！」

自己是否很自大？這種心理若不時時認真的自我檢討反省，其實是很難發現的。接下來，就提供兩個「線索」，讓大家做自我檢視一番。

首先是捫心自問：「我是否是一匹人人敬而遠之的狼？」

自大的人，大家都會不想接近他，所以會在不知不覺中變成孤單一人。如果很久沒有人邀你去他家，或是邀你一起喝個下午茶，你就必須開始反省這一陣子自己的言行是否過當。

自大的人的第二個特徵，就是他們非常缺乏實際的行動，他們只是光憑一張嘴說得天花亂墜，卻不會真正的把話兌現。

例如，他們總把自己說得像日行一善的童子軍，卻從不會將筆記借給別人，不會把座位讓給老人，也不曾真心回饋過些什麼。

那麼，要怎樣才不會變成自大的人呢？

首先是時時增廣見聞，要深刻地體認到自己的想法或知識，在這個知識爆炸的時代中猶如滄海一粟而已。因此，要試著去了解自己做得到的事是什麼，做不到的事是什麼。

接下來，就是和能坦白說話的人交朋友。

如果做不到，可以多參加類似團體諮詢的活動，或是以不記名方式去要求部屬或顧客填問卷，寫出希望自己可以改進的地方。

不要讓別人摸清自己的底細

爭奪利益時人心也不厭詐，因此要對他人的舉動
保持冷靜客觀的判斷，便可發現其中玄機。

　　同事之間必然存在著既合作又競爭的利害關係，這種微妙關係導致辦公室裡免不了瀰漫著緊張的氣氛。因為，大家都希望追求最好的工作成績，贏得上屬的好感，獲得升遷機會。

　　這種競爭摻雜了個人感情好惡、部屬與上司的關係……等複雜因素。表面上大家看似同心協力、和和氣氣，可是，內心裡卻可能各打各的算盤。

　　想成為一名職場中的佼佼者，除了要懂得同事間的相處之道，同時還要知道什麼事會威脅你的前途和機會。

　　大家都知道，害人之心不可有，因為害人會有法律和道德上的問題，而且也會引起對方的報復。

　　然而，在社會上，光是不害人還不夠，還得有防人之心。

　　防什麼呢？其實，就是防人性中的惡。因為，世上沒有絕對的好人，也沒有絕對的壞人，絕大部分的人都是介於好與壞之間，只是程度有別，不知何時表現出來，因此要懂得識破別人的謊言。

　　人在想擴張慾望時，或慾望受到危害時，便會顯現出他的惡。

　　舉例來說，善人會在利害關頭時顯現出他的惡。例如，有人為了升遷，不惜設下圈套打擊其他競爭者；有人為了生存，不惜

出賣朋友；有人在走投無路，狗急跳牆之際，偷拐搶騙……。

　　說起來，這也是人自衛的一種本能，但是，如果把世界上的人都當成好人，認為大家說的都是真話，那就大錯特錯。

　　而且，明槍易躲，暗箭難防，別人要陷害你的時候，是不會事先告訴你的。那麼，你該如何預防？

　　首先是讓人摸不清你的底細，實際上做法就是不隨便暴露出個性上的弱點，不輕易顯露你的慾望和企圖，不露鋒芒、不得罪人、不要太坦誠……別人摸不清你的底細，自然不敢隨便誆騙你、利用你、陷害你。

　　其次是，從言行中了解別人的用意。

　　偉大的軍事家孫子說「兵不厭詐」，爭奪利益時人心也不厭詐，因此要對他人的言詞和舉動保持冷靜客觀的判斷。

　　異常的言詞動作通常都含有異常的用意，把這些言詞、動作與自己所處的環境一起思考，便可發現其中玄機。

尋找讓對方說真話的場所

引導對方說出真心話時，也要考量傾聽對方說話的位置，因為坐的位置會影響對方說話的難易程度。

現實生活中，圍繞在我們身邊的那些包藏禍心的小人，通常都有這樣的特徵，有的人外表看起來古道熱腸，但是，卻經常在背地裡玩弄挑撥離間的陰險伎倆，或是編造一些虛妄不實的話語，試圖迷惑我們的心智。他們從中獲得某些利益，就代表著我們蒙受損失。

因此，千萬不要被別人刻意偽裝的表象蒙蔽，也不要輕信別人所說的流言蜚語，應該審慎觀察他們是否表裡如一。

對話場合的不同，常會改變我們是否和對方坦誠相待的心情。

所以，我們要營造出一個不讓對方感到不愉快，彼此可以放鬆心情，同時能集中精神說話的場合。

熱門音樂蓋過說話聲的咖啡店、其他客人在身旁走來走去的商談空間、隔壁的說話聲如雷貫耳的接待室、悶熱的房間、陰冷的房間、過分狹窄的房間、讓人感到過分空曠寂寥的房間、沒有窗戶的房間、過分明亮的房間。

相信大家在上述這樣的環境下聽人說話，一定無法集中精神。而且，這樣的環境也會令對方產生不愉快的情緒，而說不出真心話。因為我們人會因為說話場合的不同，而經常改變自己是

否說出真心話的心情。

那麼，要在怎樣的場所才能讓對方說出真心話呢？

基本上是不讓對方感到不愉快、可以放鬆心情、可以集中精神說話的場所。具體而言，就是具備如下條件的場所：

1. 盡可能是當事人習慣的場所。

2. 對方習慣或是非常熟悉的場所。

3. 附近沒有噪音來源的場所。

4. 通風好、有空調的場所。

5. 不會過度明亮的場所。

6. 空間不會過寬、過窄的場所。

7. 有可以放鬆心情坐椅的場所。

具備有上述條件的場所或許很難得，但如果想讓對方說出真心話，就應該盡可能尋找符合上述條件的場所。

這樣的努力，細心的對方也應該會瞭解這番心意，我們的努力將成為讓對方說出真心話的力量。

其次，引導對方說出真心話時，不只是說話的場所，也要考量傾聽對方說話的位置，因為坐的位置會影響對方說話的難易程度。

根據心理學家實驗的結果顯示，容易讓對方說出真心話的適當座位是桌子四角相互斜對而坐的位置和隔桌子相對而坐的位置。桌子兩側隔鄰而坐的位置反而不容易聽到對方的真心話。

所以想聽對方說出真心話，最好是相對而坐，或是坐斜對角。這樣可以清楚看到對方的表情，並且可以向對方顯示自己的真誠、認真等態度。

最後讓我們來思考說話的距離。人類學家將我們人類一般會意識到的距離性區域分為如下四個區域：

1. 密切接觸距離（○到四十五公分）

這是表示親子、親友、愛情關係的距離。如文字所述，是密切接觸的關係，進入這個區域，可以增加親密度。只是，突然進入這個區域會有被嫌惡之虞，所以必須要小心注意。

2. 個體距離（四十五到一百二十公分）

這是可以單獨親切交談的距離。說服、交涉如果可以進入到這個區域，順利的比率就會提高。

3. 社會距離（一百二十到三百六十公分）

不涉及個人隱私的商業性距離，會議、討論就屬於這個距離。還有，社交性的往來也是屬於這個區域。

4. 公眾距離（三百六十公分以上）

這是我們可以敏感意識到的最大距離範圍，是確保身體安全的距離，上課、演講就是屬於這個區域。

這個距離區域隨著親密程度的增加，彼此之間的距離會逐漸縮短。要讓對方說出真心話時，要盡可能靠近對方。只是，距離區域是建立在自己與對方的關係上，所以應該要觀察對方的反應來決定距離。

總之，想要聽別人說出真心話時，觀察的同時，也一定要思考聆聽的場所、位置、距離……等要素。

2.

呸嘴巴流露心中輕蔑的想法

人會用呸嘴巴的方式來表達不滿,
呸嘴隱含著不把對方當成人來看待的意思,
是一種極度輕蔑對方的行為。

MIND-READING

看清無意識的防衛行為

考慮事情的時候，無意識地把雙手交叉起來就是
因為想要保護自己的身體，這也是「防禦行為」
的一種展現。

　　肢體語言學家認為，人們內心深處所盼望的事，不管如何隱藏，一定會不經意地透過肢體動作表現出來。如果我們平時詳加觀察週遭人物的肢體動作，久而久之就能揣測他們的心理變化，識破他們的謊言。

　　人在沈思時會不知不覺地抬頭向上看，這代表怎樣的心理？

　　「嗯，怎麼辦呢？」當這樣想著的時候，我們會無意識地抬頭向上看，其實，這時向上看或者向左右看都可以，為什麼偏偏要向上看呢？而且為什麼思考時臉部和眼睛還要有動作呢？

　　仔細想想這個問題，會覺得很不可思議。

　　考慮事情的時候，頭部搖動的用意，在於使他人知道自己不想要交流。這是因為，思緒想要集中於一件事情的時候，卻還必須和他人的視線交流，會讓人覺得很煩，於是我們就會搖動臉部和眼睛，不時打斷與他人的交流，而專注到自己所考慮的事情裡面。

　　但是，為什麼臉部和眼睛不是朝向左右和下面，而是朝上面呢？這是因為我們無意識地使用了「消去法」。

　　思考的時候，我們心裡想要中斷與他人的交流，但如果朝向

旁邊的話，可能會讓對方感覺你在拒絕他；如果向下看的話，好像看起來很困惑，姿勢也不太雅觀，另外也有服從的意思。

既然向旁邊看不太好，向下看也不好的話，那麼就只好向上看了。而且，如果想要中斷與他人的交流，採取向上看的姿勢態度會顯得比較曖昧，既不會給對方留下不好的印象，而且還能夠讓自己的態度一直保持在曖昧的狀態，集中精神在自己想要思考的事情上，於是在潛意識就會出現這樣的判斷：向上看是最好的。

部分行為心理學家還有這樣的說法，認為向上看同時可以刺激脖子的穴道，能促進腦部的血液循環，所以當工作累了的時候，我們也會無意識地向上抬頭，並經由抬頭這樣的動作，讓腦部達到休息的效果。

此外，當我們集中注意力沈浸於思考時，會不知不覺地交叉起雙手，這又代表什麼樣的心理？

交叉起雙手是「防禦行為」的一種表現，當我們置身於緊張的場合，就會無意識地採取交叉雙手的姿勢保護身體，同時也透過這樣的行為緩和緊張的心情。

但是，那為什麼一個人沈浸於思考時也會出現交叉起雙手的行為呢？

這是因為在認真考慮某件事情的時候，大腦會發出判斷，認為現在處於對身邊事物不關注的「無防備狀態」，身體便會出現反射性防禦舉動。

還有另一個原因就是，認真的考慮事情的時候，大腦有時候會很緊張，想要為遭遇到的難題找出解決的方法，而這樣緊張的情緒也可以通過交叉雙手的動作來達到緩解的效果。

法國著名的思想家、教育學家帕斯卡曾經說過：「人是思考的蘆葦。」

在我們的記憶深處，存在著類似的想法，認為我們人的身體就像水邊的蘆葦一樣柔弱，而這個柔弱的缺陷，我們可以通過自己的思考來彌補，進而使我們的大腦進化。考慮事情的時候，無意識地把雙手交叉起來，就是因為想要保護自己的身體，這樣的解讀，也同樣可以說明人抱著頭思考問題的動作。

如果不是因為在思考問題，而是心裡有說不出的煩惱的話，我們也會不由自主地抱著頭思考。這是因為大腦認為，心裡面有說不出的煩惱和遭遇外敵入侵的狀況是一樣的，所以首先要保護好頭部，然後才能應付困難，這也可以認為是「防禦行為」的一種展現。

咂嘴巴流露心中輕蔑的想法

人會用咂嘴巴的方式來表達不滿，咂嘴隱含著不把對方當成人來看待的意思，是一種極度輕蔑對方的行為。

　　有的人碰到自己不滿意的事情時，就會不由自主地咂嘴巴，這種肢體語言代表了什麼心理呢？

　　咂嘴巴的用意是把自己內心的不滿通過聲音露骨地表達的動作。我們有時候會對自己咂嘴巴，有時候也會對別人咂嘴巴，但不管對象是誰，無論在言詞上如何掩飾，這都是表示「輕蔑」的信號。

　　我們的內心中如果有什麼不快的話，通常都會通過聲音來表達，最常見的方式就是咂嘴巴，好像要讓別人聽見似的，故意弄出很大的聲音，同時也表達出對對方的「威懾信號」。

　　通常，對那些根本不屑用語言來辱蔑的人，我們才會用咂嘴巴的方式來表達心中的不滿，因此可以說咂嘴隱含著「不把對方當成人來看待」的意思，是一種極度輕蔑對方的行為。

　　對自己咂嘴的人，一般都具有很強的自罰傾向，多少有一點自虐狂的性格。

　　相反的，如果是故意發出對方聽得到的咂嘴聲，但表面還是一副無所謂的人，那可能是對對方抱有憎惡的心情。

　　每個人的心裡多多少少都會有一點自虐和憎惡的感情，有些

時候會透過不自覺的咂嘴巴，把自己的內心想法暴露出來了。

「不可以，又開始咂嘴巴了，不能表露出輕蔑對方的想法，否則對方一定會察覺。」如果你抱著這樣的警戒心態，但卻又不由自主地做出咂嘴巴的動作，那就是心理煩躁混亂的信號。

歎氣，代表解除緊張情緒

緊張狀態得到解除，事情暫時告一個段落的時候，就會深吸一口氣後歎氣，這是大腦所做出可以暫時休息一下的信號。

有的人平時表現出的性情，是經由環境壓抑或是下意識刻意包裝的，因此，想了解他們真正的心理狀態，就必須透過旁敲側擊與審慎地深入觀察，才能洞悉他們最真實的內在。

例如，人覺得放心的時候會情不自禁歎氣，這代表什麼呢？

當心情不能得到平靜，或者是覺得很失望的時候，我們都會不由自主地歎氣，有的人還會失望地把肩膀垂下來並深深的吐一口氣，這個肢體語言傳遞的是「已經沒辦法了」的信號。

但是，經常就在我們覺得失望，就快要放棄的時候，卻發生了起死回生般的逆轉，我們往往也會因為終於可以放下心來而歎氣，這時的歎氣則是輕鬆的象徵，也表示放心的意思。

例如，你一直很支持的棒球隊，在第八局結束後眼看就要敗北了，而且對方還領先五分，那麼你一定會在這個時候歎氣，但是，如果在第九局剛開始的時候，你支持的球隊一下子得了六分，形勢突然逆轉，那麼到了關鍵的九局下半，你一定緊張得不得了！

到最後，如果投手順利三振掉對方打者的話，那接下來，你應該就會放鬆心情，長長地吁一口氣。

回想一下那種時刻的心理狀態，就會明白為什麼不管是擔心

的場合還是放心的場合，我們都會做出同樣的動作。

　　不管是在怎麼樣的情況下嘆氣，歎氣之前都是很緊張的狀態，如果那種消極或者是積極的狀態得到進一步發展，更會不由自主地歎氣。

　　在緊張的時刻，緊張的心情會讓大腦變得很活躍，這就需要很多的酸素，但是又由於呼吸在這樣的緊張時刻往往都是很急促的，所以不能夠提供足夠的酸素，也就是說大腦處於酸素缺乏的狀態。

　　因此，不管是好是壞，一旦緊張狀態解除，人就會無意識地深呼吸，向大腦運送酸素。從這個意義上來說，想要抑制內心的興奮或讓自己平靜下來的時候，我們也會同樣做出深呼吸的動作。

　　事情暫時告一個段落的時候，緊張情緒解除，會深吸一口氣後歎氣，這是大腦所做出可以暫時休息一下的信號，而這種時候就是一個狀態的結束，進入另一個狀態的開始。

覺得尷尬，就會抓頭髮

有的人會故意一邊絮絮叨叨地說話一邊抓頭，這
就完全是一種裝模作樣的行為，抓頭就是傳達尷
尬信號的動作。

　　人覺得很尷尬的時候會不自覺地抓頭，這反應了怎樣的心理
呢？

　　爲什麼人在覺得很尷尬的時候會抓頭呢？生理學的觀點認爲，
這是因爲人覺得很羞恥的時候，血液會一下子沖到腦部，腦部容
易流汗，於是就會覺得頭癢並因而產生抓頭的動作。

　　但是，抓頭這個動作單憑藉生理學上的說法恐怕還是無法說
明清楚，甚至還不如「抓頭是一種表達羞愧的動作」這種說法來
得說服力。

　　從行爲心理學來說，撫摸自己的身體或撫摸自己的頭髮，都
是想要緩和緊張的「自我親密行爲」。

　　人覺得尷尬的時候會懷疑大家都用異樣的眼光注視自己，不
安和緊張的情緒就會更加高漲。於是，碰到尷尬的事情時，爲了
緩和緊張的情緒，會出現不由自主撫摸頭髮或抓頭這樣的動作。

　　久而久之，這種想法在大家的腦海裡面漸漸地形成了，於是，
覺得尷尬的時候，就會不自主地做出抓頭這樣的動作。

　　有的人還會故意一邊絮絮叨叨地說話一邊抓頭，這就完全是
一種裝模作樣的行爲了，目的是想讓對方知道「我現在覺得很尷

尬」，有時，還故意作出開玩笑的樣子來掩蓋內心的羞怯。

因為，在這種狀況下，與其用聲音說出「我覺得好尷尬」，還不如只是通過動作來表示尷尬。

遇到這種場面，即使對方沒有通過言語來表達，我們也應該知道動作中的信號；抓頭就是傳達尷尬信號的動作，為了維持自己的人際關係，看到別人抓頭髮就不要再窮追猛打。

握拳頭咳嗽是想吸引別人的動作

一邊用手握成拳頭狀放在嘴前面，一邊裝模作樣
地發出咳嗽聲，可以把周圍人的視線都集中到自
己身上。

懂得運用肢體語言代表的的概念，洞悉別人內心深處所隱藏
著的意志和感情，同時進行各種心理狀況分析，可以幫助我們更
加了解人性。

例如，一般人要咳嗽的時候，會用手握成拳狀放在嘴巴前面
遮掩，這樣的動作表達了什麼樣的心理呢？

有些人希望對方聽自己談話的時候，就會做出咳嗽的動作，
還會用手握成拳頭擋在嘴巴前面，這個動作是所有國家都通用的。

這個動作本來是表示「我要咳嗽了」的意思，透過這個姿勢
可以促使周圍的人注意。只要把手握成拳頭放在嘴巴面前，那麼
周圍的人就會注意到「對方要咳嗽了」而做出相對的反應。

也就是說，把手握成拳頭放在嘴巴面前這樣的動作，原始的
用意是為了喚醒周圍的人的注意力。其實，如果真的想要咳嗽，
只要用手遮掩住嘴巴就可以了，不一定非要刻意把手握成拳頭。

總之，用手握成拳頭狀放在嘴巴前面已經成為一個被廣泛認
同「想要咳嗽」的動作了，最後轉化成想要引人注目的姿勢。

也就是說，把手握成拳頭狀放在嘴巴前面時，真正的目的是
為了引起他人注意，咳嗽只不過是畫蛇添足而已。

　　一邊用手握成拳頭狀放在嘴前面，一邊裝模做樣地發出咳嗽聲，可以把周圍人的視線都集中到自己身上。當這種動作能達到不錯的效果後，潛意識中可會覺得「這個姿勢真不錯」，接著又重複同樣的動作，於是，這樣的動作就成為一種吸引目光的動作被廣泛接受了。

氣得發抖，是火山爆發的前奏

不管如何理性的人，如果實在忍無可忍，也會達
到身體微微顫動的程度，與其要他壓抑憤怒，還
不如讓憤怒先爆發出來。

　　生氣的時候，身體會微微顫動，這表達了什麼樣的心理？

　　生氣的時候身體會微微顫動，這表示內心的自制力正在發揮
作用，是頭腦中想要毆打對方的動物性本能和必須控制自己的理
性思維在相互鬥爭。這就好像一邊踩著油門又一邊踩著煞車，
在「前進」和「停止」兩個狀態中搖擺，不知道要採取什麼樣行
動的心理，表現出來就是身體微微的顫動。一旦進入到這樣的狀
態，短時間就很難再回到平靜了。

　　如果夫妻吵架之時，妻子達到這樣的狀態可就不得了了，在
這種情況下，單單說一聲「對不起」恐怕是不能解決問題的。

　　在這樣的時候，就要準備好一些被害物品。所謂的被害物品，
就是指有一方實在不能忍受的時候，要準備一些即使是摔壞了也
沒有關係的東西，比如說缺了角的飯碗或者盤子之類的，而在一
些比較安全的地方把這些東西砸壞後，就可以達到宣洩怒氣、回
復平靜的效果。

　　這就是在心理學上稱做「異向攻擊」的行為，用普通的話來
說，那就是指轉換對象，對別的東西發洩怒氣，經由損壞一些不
重要的東西來發洩內心的怒氣，以解除內心的憤怒。

　　不管如何理性的人，如果實在忍無可忍，也會達到身體微微顫動的程度，即使你對他說「別生氣啦！我能理解你的心情」也沒有用，那還不如在憤怒的程度還沒有達到最高點時，讓他的憤怒爆發出來，這樣相互之間的談話也會變得比較容易。

　　也就是說，當對方身體開始微微顫動的話，與其要他壓抑憤怒，還不如讓憤怒先爆發出來會比較好。

吐舌頭是拒絕的信號

碰到無意識當中舌頭探出嘴唇外面，並對某件事物很沈迷的人，這種行為可以解讀為他們不希望別人去打擾他們。

有些人非常善於巧飾隱瞞，但我們仍能根據心理學，尤其是肢體語言，發現他們心中潛藏的秘密。

有吐舌頭習慣的人，他們的心理是怎樣的呢？

人熱衷於某些東西的時候，會不由自主地做出吐舌頭的動作，這時並不像扮鬼臉時那樣突然伸出舌頭，而是舌頭稍微探出嘴唇的動作。

比如說，人在認真畫素描的時候，畫到人體模特兒細微的地方，就會不自覺出現舌頭稍微探出嘴唇的動作。

根據動物行為學家摩里斯的研究，這種時候的心理狀態也是和突然伸出舌頭扮鬼臉一樣，都是對他人發出「拒絕信號」。

摩里斯認為，吐出舌頭是人類在幼兒階段覺得肚子飽了時，把母親乳頭吐出的動作的殘留，表達「已經不需要」的拒絕信號。

不論話語說得多婉轉或多誠懇，吐舌頭這個動作傳遞著「你對我來說已經是一個不需要的人了」這樣蔑視的意思。

伸出舌頭是包含了這樣的意思，但是，沈迷於某件事物的時候所表現出的把舌頭伸出嘴唇的行為，到底該怎麼解釋呢？

摩里斯認為，這是無意識地向外界發出信號，代表「我現在

正熱衷於某事物，請大家不要打擾我」，所以也是一種拒絕的信號。

如果碰到無意識當中舌頭探出嘴唇外面，並對某件事物很沈迷的人，這種行為可以解讀為他們不希望別人去打擾他們，讓他們可以專心的做事情。

所以，在這個時候最好不要去打擾這樣的人。

認清上司發出的炫耀信號

輕率做出這樣的動作，日後恐怕升職就會受阻，
在部下面前作出這樣炫耀自己的動作，恐怕也會
招來其他部屬們的不滿！

坐在椅子上時，背向後靠在椅背上，然後把雙手放在頭後面，
這樣的動作透露了什麼樣的心理？

美國心理學者瑪拉比安不僅研究人類的語言，還研究人類透
過動作所傳達的信號。根據他的研究，坐在椅子上時，背向後靠
在椅背上然後把雙手放在頭後面的動作，一般都是地位比較高的
人做出的姿勢。

的確，以上班族爲例，如果上司或者是經理的辦公桌就在附
近的話，那麼一般公司職員是不會做出這樣的動作，相反的，公
司的高級幹部如果一個人在辦公室裡，也可能會經常做出這樣的
姿勢。

坐在真皮的椅子上，背向後靠在靠背上，然後伸直雙腳，把
雙手放在頭後面，能做出這樣的姿勢，大概是公司的營業狀況很
順利時，老闆才會有這樣的動作，象徵著正在享受短暫的幸福時
光。

此外，這也是一種炫耀的姿態。比如說，打倒競爭對手而爬
到經理這個位置上的人，如果對秘書說：「不好意思，請讓我單
獨待五分」，那麼，他很有可能就會一個人在辦公室裡擺出這樣

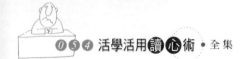

的姿勢來。

　　一心一意往上爬的上班族想要嘗試一下成功的滋味，這個姿勢大概是最適合不過的了。不過，這種行為最好等到你升到一個重要的職位，並擁有自己的個人辦公室時再做比較好。

　　如果你還只是一個普通的職員，輕率做出這樣的動作，日後恐怕升職就會受阻，而如果你是一個中級幹部，在部下面前作出這樣炫耀自己的動作，恐怕也會招來其他部屬們的不滿！

說話結巴的人最愛自打嘴巴

喝醉酒後拍自己的臉頰，這種「自打嘴巴」的舉
動，更加說明了一個人已經醉到不行了。

　　人性是難解的，儘管我們信心十足、誇口炫耀，但內心仍有脆弱的一面，而在無意識中，以各種動作將這些秘密都表露無遺。

　　一旦說話結結巴巴就打自己臉頰的行為，表達了怎樣的心理？

　　有的人一旦喝醉酒，說話就會結結巴巴，這時候常常會打自己的臉頰，行為心理學家說，這樣做是為了要讓自己能夠集中注意力。

　　這種的動作和某些運動選手上場之前，會先拍拍自己的臉頰，讓自己清醒一點是一樣的意思。

　　其實，喝酒的人做出這樣的動作，就證明他已經喝得爛醉了，再怎麼拍臉也不會清醒。只是，喝醉的人卻會覺得：「好奇怪，我說話怎麼會結結巴巴呢？我到底是怎麼了，我可還沒有醉喔！」然後一邊這樣說著，一邊繼續拍自己的臉頰。

　　說話會變得結結巴巴，是因為大腦受到酒精的麻醉，語言中樞系統無法控制造成的，這種時候已經進入到「酩酊狀態」了。

　　有的人喝醉酒後會哭鬧，有的人喝醉酒後會發怒，不論如何，到了「酩酊狀態」，就是人的本性完全暴露的時候。

　　如果過了稍微醉酒的狀態而進入酩酊大醉的階段，那麼管理

人類理性和知性的大腦新皮層部位，就會由於酒精作用而進入到麻醉狀態。

　　喝醉酒後頻頻拍自己的臉頰，就是拼命想要恢復自己被酒精麻醉了的理性的一種動作。只是，這種「自打嘴巴」的舉動，只是「此地無銀三百兩」，更加說明了一個人已經醉到不行了。

玩笑的姿態，顯示處於緊張狀態

正是由於緊張，所以才想要刻意隱瞞平時的臉部
表情。擺出開玩笑的姿勢，事實上就像用一個假
面具把自己真實的表情遮蓋起來。

拍照的時候，為什麼有人會不由自主地做出一些開玩笑的姿
勢呢？

其實，這是心理緊張之時所表現的反射動作。

影視明星和模特兒都面對習慣電視鏡頭和攝影機，但是一般
沒受過專業訓練的人一聽到「要照相了」，就會覺得緊張起來。

因為，在人的潛意識裡認為，自己這一瞬間的表情將被永遠
保留下來，正因為是要保留下來的東西，所以不希望和平常一樣
隨便，那樣的話，會覺得好像自己平時真實的模樣都被暴露在光
天化日之下。

現在照相機越來越普及，拍照也越來越方便，像以前那樣擺
好姿勢拍照的情況減少了；現在除了照相手機之外，還能在街角
一起拍大頭貼，然後彼此交換，就像在玩遊戲一樣。儘管現代人
不像以前那樣拘謹，但是一遇到要拍照，還是會有點緊張，想表
現出最好的一面。

以前的人拍照的時候總會穿上正式的衣服，擺出很正經八百
的樣子，特別是在結婚相片上，新郎新娘經常都是這樣的姿勢，
可以解讀正是由於緊張，所以才想要刻意隱瞞平時的臉部表情。

但是，這樣緊張狀態下拍出來的照片總是讓現代人覺得很無聊，於是就想出了要擺出一些開玩笑的姿勢，透過一些演技來掩蓋平時的臉部表情，所以，這樣擺出開玩笑的姿勢，事實上就像用一個假面具把自己真實的表情遮蓋起來。

從這個角度來說，能夠在相機前真實的表現自己平時模樣的人，大概就是那些很習慣於相機或攝影機的人，或者是對自己充滿自信的人吧。

3.

培養正確的直覺能力

培養正確的直覺能力的方法，
除了以第一印象的直覺來洞悉，
必須再佐以對此人實際行為的判斷來證明直覺。

MIND-READING

培養正確的直覺能力

培養正確的直覺能力的方法，除了以第一印象的
直覺來洞悉，必須再佐以對此人實際行為的判斷
來證明直覺。

音樂家魯賓斯坦曾說：「想要讀懂一個人，千萬別只看他的
外表，而是要懂得拆開那些外在的精美包裝。」

的確，在這個滿是虛偽與狡詐的社會，想知道對方究竟是什
麼樣的人，千萬別被包裝過的外表迷惑，而要透視對方的內心，
一眼看出他的底細。

在摸清一個人的性格之時，很多人是以直覺來判斷的。如果
我們的直覺一直都很準的話，當然沒問題，可是，事實上猜不準
的情形也很多。這是因為對方同樣也會為了不被看穿，而設計佈
局、故弄玄虛，或者演戲欺騙我們。

即使我們有意識地提醒自己，小心不要被騙，但因為反作用
心理、補償心理等因素而被迷惑，使自己錯亂的可能性實在很大，
讓我們的直覺變得不靈光。

為了要克服上述障礙，培養出正確的識人能力，就必須訓練
出不受各種障礙迷惑的正確直覺能力。

要如何才能夠培養正確的直覺能力，讀出對方的心思呢？我
們除了以第一印象的直覺來感應對方的心，再佐以對實際行為的
判斷來做證明之外，別無他法。

我們的直覺無法進步的原因，在於我們完全只憑第一印象看人，事後又沒有深入地進一步觀察所致。

事後不再進行判斷的做法，經常變成「瞎猜」，與一些術士的面相學一樣不足為信。

為了避免犯錯，我們必須藉實際的事物去判斷，證明第一印象或直覺的可靠性。我們要去尋找證明判斷結果的證據，找出情報以確認自己的判斷無誤。

其實，這樣的做法，一般家庭主婦都很「擅長」。例如，太太發現丈夫最近有點怪，立刻產生出好像外面有女人的直覺，然後太太就開始注意丈夫的一舉一動，尋找佐證的情報。結果發現丈夫最近經常去理髮，又發現丈夫很注意領帶、襯衫、鞋子等，穿著變得很時髦。

太太接著就會想更進一步尋找更確實的情報。比方翻先生西裝的口袋，找看看是否有酒店的火柴盒、發票，襯衫領口上面是否沾了香水味、口紅印等。太太拚命努力地四處尋找，再組合所有可疑的情報，如果先生不小心將酒店小姐的名片放入名片夾裡的話，立刻就會被懷疑。

又例如做父母親的人，當小孩的零用錢需求增加、晚上很晚才回家、有化妝與愛打扮的徵兆出現時，直覺也一定會敏銳地動起來，判斷小孩或許是被壞朋友誘惑，恐怕會走入歧途，就開始進一步蒐集佐證的情報。

父母親組合種種徵兆與蒐集來的佐證資料，就可以確定自己的懷疑是否正確，然後做出應對之策。

很多人常常犯了以第一印象、直覺來判斷一個人的錯誤。其實，直覺就好像瞎猜一樣，單憑自己眼前所看到的「事實」來斷事、論人，結果可想而知，猜不中、看不準的可能性極高。這全

都是因為缺乏輔助證據,無法證明自己直覺是對是錯。

　　如果想鍛鍊摸清別人內心的直覺,最重要的是經常注意異常的徵兆,如果直覺懷疑這個徵兆有怪異之處,就進一步去探證,以訓練自己的直覺能力。

組合身邊種種情報

當情報有二、三個時，可以將它們組合起來，讓
情報的意義更加明確。想要洞悉對方，組合情報
是很重要的一件事。

要透視對方的內心其實並不困難，秘訣就在於掌握口是心非
的人性。只要靈活解讀對方肢體語言，你就可以擁有一對讀懂人
心的慧眼。

聽說某一位大企業董事長，當他想了解部屬工作的態度時，
最重視的是部屬與自己見面那瞬間的動作。

當部屬敢正視自己的臉微笑時，就證明他在工作上也是充滿
活力的。

如果部屬避開董事長的眼睛，或顯得畏縮的話，就可能是他
工作不順利，或心中有什麼不滿，無法全心全力工作。原因可能
是因為直屬上司對他不重視，使他缺乏自信、心生煩惱或是不滿
的關係。

也有人利用文件資料、帳面上的數據來評價部屬的工作能力，
但文件資料、帳冊要作假或粉飾其實是很容易的，所以只憑文件
資料、帳冊來研判，反而很容易發生錯誤，倒不如憑藉見面時的
印象來判斷，會顯得比較簡單確實。

前述這位董事長能夠憑藉部屬與自己見面瞬間的動作，摸清
部屬工作的積極度以及是否對工作不滿，是因為他累積相當多的

經驗。其他人想建立同樣的直覺就必須下一番功夫，例如要更仔細觀察部屬日常的行為舉止及工作態度，然後加以對照，印證見面瞬間的直覺是否正確。

我們通常容易僅以一個情報就去下判斷，而當情報有二、三個時，更要好好把握，將它們組合起來，讓情報的意義更加明確。想要徹底摸清一個人，組合種種的情報是很重要的一件事。

例如，一個主管如果想洞悉部屬是否心懷不滿、是否喪失工作的活力，或是想辭職跳槽到別家公司，最重要的仍是注意部屬所顯示出來的種種徵兆，再嘗試組合自己所蒐集到的徵兆。

像這樣多加注意、觀察，就會發現「最近老是遲到、工作態度很馬虎、動作很遲鈍、說話也很情緒化」等徵兆。將這些徵兆組合起來，或許可以察覺這位部屬的情況非比尋常，好像隱藏著某種涵義。

為了謹慎起見，主管應該再仔細地回想，比較部屬以前表現的態度、工作的方法、動作、表情、說話……等等，結果也許更可以明確證實，最近出現的種種徵兆是「不尋常的」。

為了更進一步明確掌握真正的原因，要再去蒐集更多的情報。比如去問問這位部屬的同事們、仔細調查部屬的工作內容，或直接找當事人聽取他心中的不滿、煩惱等，讓原因逐漸明朗化。

總之，要培養洞悉一個人真實內在的直覺，重要的是，平常就要訓練自己對眼睛所看到的現象、對所得情報的敏銳直覺，努力區別重要與不重要的事物，同時掌握重要事物的內涵意義。

在這裡舉個日常生活的實例說明，如何根據行為來摸清一個人的性格。

首先，「男性上廁所時」的行為可以窺得他的個性，有以下三類：

1. 上廁所很靠近小便斗的人,很具積極性,但稍嫌欠缺注意力。

2. 上廁所離小便斗很遠的人,個性很謹慎,但卻有消極之嫌。

3. 不遠不近,採適當距離上廁所的人,對情況的判斷很正確,頭腦非常冷靜。

但是,僅以這個行為來下判斷還是很危險的。因為僅此一點,無法證明自己的解釋是否正確,有猜中的時候,也有猜錯的時候。

所以接下來,看看這個人「洗手時的動作」。

1. 將手帕拿出來銜在嘴裡,然後洗手、用手帕擦手的人。這樣他的口袋就不會　弄溼、弄髒,這是非常謹慎的人。

2. 洗完手之後,手溼溼的伸進口袋拿出手帕擦手,這樣的人有點思慮不周。

3. 不是不洗手,就是洗了也不擦乾,這種人有點陽奉陰違。

如果知道一個人是屬於上述三項的哪一項,再與第一個三項行為模式搭配,就可以更加瞭解他的心理。如果還嫌不足,可以再將這個人的日常生活態度組合起來觀察,就更加明白了。

多觀察一個人的「日常生活態度」,再判斷他屬於以下何種類型。

1. 雖然很積極、很具行動力,但有時會有三分鐘熱度的情形。

2. 生活態度過於謹慎,有點消極。

3. 頭腦非常靈活,對任何事情都可以冷靜地做判斷。

如果,這三項各自與第一、第二個三項相互符合的話,那麼就可以非常明確知道這個人的性格。

但要注意,真實的情況有時卻未必如此,情報之間也可能會有相互矛盾的情形,這時,為了確定哪一個情報才是真實的,就必須收集更多的情報,正確掌握與解讀情報所代表的意義。

從小動作看一個人的器量人格

要從極小的徵兆確實洞悉一個人的人品，觀察的一方也必須要有優秀的鑑識眼光，否則很容易看錯人。

　　想讀透一個人的內心，最快速的方式就是從肢體語言下手。透過肢體語言，我們可以迅速研判出對方是怎樣的人，只要多加觀察週遭人物的肢體動作，久而久之就能推測出他們最真實的心思。

　　所謂見微知著，是指從一個人日常生活的小動作、小特徵，可以看到一個人的真正性格，預測他未來的成就，以及如何與他應對。

　　據說，古代某位將軍發動政變之後，吃喝著京城裡的民眾獻給他的茶水與粽子，只見該將軍精神恍惚地連粽葉一起大口吃下，有人從這點便看透：「這個將軍的天下恐怕不會很長久吧！」

　　另外，有一位年輕武將外出狩獵時，在獵場附近的農家吃午飯。只見他俐落地吃食農家所煮的魚，剩下的魚骨頭也很整齊地放在盤子上，隨從便預言這位武將將來一定會成為偉大的將軍，因為他們從吃魚的行為洞悉到該武將的性格。

　　上述的例子說明，人的器量和性格，可以從極小的徵兆加以洞悉。不過，要從這極小的徵兆確實洞悉一個人的人品，觀察的一方也必須要有優秀的鑑識眼光，否則很容易看錯人。

　　某大型銀行的董事長曾經錄用、培養了很多人才，但他在初次遇到一位職員時，卻充滿偏見地認爲他是「柔弱沒有用處的人」，將他降調到鄉下的分店。結果卻剛好相反，這位職員後來成爲一位很有名的企業家。

　　由此可知，以第一印象或一點點的徵兆來判斷一個人，雖然有時猜得很準，但也有猜不準的時候，所以想要以這樣的方式來研究人性，其實是非常困難的。

　　年輕武將吃魚這個故事告訴我們，偉大的人物從小就開始展現出明快的性格，即使在吃魚這個小動作中也可以略見一二。

　　許多人認爲自己不夠聰明靈巧，即便再怎麼努力，也比不上資質優秀的人。其實，不需要感到沮喪，因爲很多例子告訴我們，人的聰明才智往往是有侷限的，例如許多有名的科學家和藝術家，雖然是某面的天才，但在日常生活上，卻完全像個任性的小孩或無知的白癡。

　　有位有名的舞台劇演員雖然在旅行時連如何購買車票都不會，但一旦步上舞台，卻展現出讓觀眾喝采的洗練演技。

　　所以，觀察一個人時，不可以只單看外表，或某一個層面，否則就會被所看到的事物蒙騙，做出錯誤的判斷。

　　人是多面性的，沒有人完全沒有缺點，也沒有人一個優點也沒有，大都是集優缺點於一身。所以，想要洞悉一個人時，要捨棄表面所見，從他的日常行爲特徵，面面俱到深入觀察才對。

以偏概全很危險

在熟悉的故事裡，瞎子只摸到大象的一部分，卻
誤以為這就是大象的全部，我們在觀察一個人的
時候，也常會犯下相同的錯誤。

在《六度經》裡有個瞎子摸象的故事。很久以前，有一位名
叫鏡面王的國王，有天讓很多盲人撫摸大象，然後問他們：「大
象長什麼樣子？」

結果，摸到象腿的瞎子回答說：「大象長得像木桶。」摸到
象尾的瞎子回答說：「象長得像掃把。」摸到大象肚子的瞎子說：
「大象長得像鼓。」摸到象耳的瞎子回答說：「大象長得像扇
子。」摸到象牙的瞎子回答說：「大象長得像角。」摸到象鼻的
瞎子回答說：「大象長得像條粗的繩索。」

所有的瞎子都只摸到大象的一部分，卻誤以為這就是大象的
全部，其實我們在觀察人的時候，也常會犯了相同的錯誤。

人在潛意識裡有感情、慾望需求、性格、思考、優點、缺點
等種種特質，亦即，人的整體其實是由許多部分所構成的，但觀
察一個人時，我們通常只看得到其中的一部分而已。如果以偏概
全，只憑所看到的一部分，就認為自己已經看到全部，就會犯了
如瞎子摸象一般的錯誤。

例如，只看到前述科學家或藝術家日常生活任性的一面，只
看到舞台演員不會自己買車票的一面，就認為「這樣蠢的人是做

什麼也不會成功」的話，可能會造成無可彌補的錯誤。人本來就擁有各種不同的層面，只單看一面就來評價一個人，是很容易鑄下大錯的。

十九世紀時，有一位很會看人用人的將領，根據自己的經驗表示：

「我曾經在派遣三十名年輕士兵參加實際作戰之前，將他們分成三組。一是外表看起來像個男子漢又有才能的士兵，共計十人，我認為他們一定很會作戰。二是外表看起來很柔弱，也沒什麼才能，也有十人，我認為不會有所幫助。三是居於兩者之間，沒有特別強，也沒有特別弱的十個士兵。

讓這三十名士兵參加實際作戰的結果，被判定屬於中間的十名，既沒有臨陣脫逃，也沒有拚命作戰，如預測的，只是『普通一般』。但是，被判斷是有能力的十人當中，卻有一兩人出乎意外的膽小。而被我判斷為沒有能力的十名士兵當中，有也一兩人卻出乎意外的勇猛無比。會對這幾個人評價錯誤，是因為他們身上都隱藏著表面上看不出來的資質。」

這位將領的這番話暗示識人的困難，說明了只看表面容易出錯。確實，即使以測驗的方式來測試人的性格，也常會出現與前述例子相同的結果。就算測試的題目設計得好，雖然有八、九成正確的可能性，但也還有一、二成偏差的可能性。

前述京城人看發動政變的將軍、隨從看年輕武將的例子告訴我們，只要深具慧眼，即使只是一點點的徵兆，也可以非常正確地洞悉一個人的性格。

但是，要注意的是，這並非百分之百正確，還是會產生誤差，因為，我們往往只單看一部分徵兆，就判斷全部；或是已經很努力仔細觀察各個層面，但還是有洞悉不到的隱藏關係。

優點和缺點是一體兩面

看人的尺度格局小，只能看到小優點，發揮有限。反之，如果看人的尺度格局大的話，就可以洞悉對方的優點，讓他能大大地發揮。

在評價一個人的價值時，觀察者自身的眼力是問題所在，衡量的尺度必然會影響評價的結果。

日本江戶幕府的建立者德川家康曾說：「聰明機靈的人沒有智慧。」意思是說，雖然聰明機靈的人做起事來很俐落，看起來好像很有用，但因為這種人容易被眼前的事物所惑，所以發揮不了大智慧。

中國的韓非子也是有名的人性洞察專家，在評價人品方面擁有一把很精準的量尺，他在《韓非子》一書中提過一個例子。

魯國的名臣陽虎曾說：「如果君主賢明的話，臣下就會誠心誠意地追隨他；但如果身邊侍奉的是愚蠢的君主，臣下就會在表面上臣服，但心存異心。他們往往會欺瞞君主，圖謀私利。」

陽虎因為這些話惹禍上身，被逐出魯國，後來他到齊國，仍被懷疑心有不軌，再次被放逐，輾轉來到趙國。趙國國君趙簡子卻很看重陽虎，對他評價很高，聘請他擔任宰相。趙簡子的近臣勸諫說：「有人說陽虎這個人善於巧妙的營私。這樣的人怎麼可以任用為宰相呢？」

但趙簡子卻不以為然，回答說：「陽虎想趁隙奪取國政，

我們當然要注意，小心監視，不讓他得逞。但更重要的是，只要我們有能力鞏固國政，那陽虎就沒有獲得私利的可能。」

事實上，趙簡子就是發揮他身為明君的駕馭之術，巧妙地控制了陽虎，所以陽虎完全不能作怪，只能毫無二心，誠心侍奉君主，趙簡子的勢力也因此逐漸擴張，登上天下霸主的地位。

看人的尺度格局小，只能看到小優點，發揮有限。反之，如果看人的尺度格局大的話，就可以洞悉對方的優點，讓他能大大地發揮。

雖然善良的人有著不做壞事、很認真誠懇、可以安心驅使的優點；但他們的缺點是往往行事的格局太窄小，成不了什麼大事。

相對的，個性很強烈的人，雖然稍稍對他疏於監控就容易為惡，但相反的，他們卻常常能夠發揮優秀能力。

趙簡子洞悉了惡名昭彰的陽虎的內心，讓他的優點發揮到極致，所以成就了偉大的霸業。由此可知，趙簡子看人用人的功夫非常高明。

看人尺度格局小的人，只能看到老實人的優點，就算好不容易碰到有能力的人，也無法洞悉他的長處，讓他有所發揮。

人是一體兩面的，不可能只有優點或只有缺點。正直誠實的人雖然有非常容易駕馭的優點，但就因為太過於老實，所以耳根子軟，容易受他人影響而改變自己的想法，有不足以託付重任的缺點。

個性強烈的人，雖然有不容易駕馭的缺點，但優點是，他們一旦接受或認同對方，就會貫徹到底，非常可靠。

謹慎的人有「小心駛得萬年船」的謹慎特性，所以託付他事情可以安心，但缺點是，因為過於謹慎容易錯失良機，缺乏挑戰的精神，所以他們沒有較大的發展性。相反的，有旺盛挑戰精神

的人，雖然很積極冒險，但是也容易一敗塗地，讓身邊的人精神緊張。

像這樣，優點的反面是缺點，缺點的反面成了優點。人一定有兩面性，所以觀察的角度層面不同，對人品的評價也會產生很大的差異。

還有，如果看人的格局大的話，就可以廣泛了解對方的優點，而看人格局小的人，通常只會看到對方的缺點。

注意人性的多樣面貌

要判斷一個人，只觀察一面，是無法洞悉透徹
的。要嘗試讓他面對各種不同的環境，觀察他如
何應變，才能逐漸掌握此人的全貌。

　　眼界狹小或言行不一的人在看人時，會以各種有色的眼光、
偏見看待對方，所以常會有看錯的情形。唯有人生經驗豐富、嚐
盡人間酸甜苦辣又表裡如一的人，才能擁有正確觀察別人的眼力。

　　人不只有二面性，甚至是極多面的。人的潛意識裡隱藏著各
種特質，如果某個人的某種特質因為外在的刺激而浮出表面時，
看起來就好像變了一個人。

　　例如，職員趙先生在銀行負責信用調查工作時，只展現他平
常的一面，所以連善於洞悉人性的銀行董事長都沒能看出他真正
的才能。但當趙先生來到一間赤字連年的客運公司擔任總經理一
職時，因為公司需要不斷的創新力來進行改革，剛好使趙先生的
獨特創新才能得以發揮。

　　要判斷一個人，如果只觀察一面的話，是無法洞悉透徹的。
要嘗試讓他面對各種不同的環境，觀察他如何應變，這時潛意識
裡的各種特質才會浮現出來。在了解各種不同層面之後，我們才
能逐漸掌握他的全貌。

　　一個被擺在不適合的環境裡，看起來完全無能的人，如果進
入適合他的環境，很多時候會如魚得水般發揮出重大的才能。

在職場上完全不起眼的人，擔任特別職務時，常會發揮令人
訝異的才能，這是因為他們獲得了符合自己需求的職位的關係。
由此可知，從各種場合進行各種觀察是一件很重要的事。

想透徹了解一個人，可以觀察他在公司內外與他人互動時，
在會議上的行為或表現為何，興趣是什麼，還有平常做什麼休閒
活動，也可以觀察他被賦予困難的任務時，會做出怎樣的反應……
等等。總之，可以從他在各種場合上的種種言行，再綜合上述觀
察的結果來加以判斷。

要洞悉一個人，只根據偶爾看到的優點、缺點，就評價他是
好或壞，無疑是錯誤的。重要的是要掌握時機，觀察此人的優點、
缺點、癖好和人格特質等，看它們在各種場合是怎樣呈現的。

亦即，從各方面的表現來綜合研判，才能真正評價一個人。

人的內心具有多面性，會隨著所處場合的不同，面對的人、
事、物的不同，而呈現出各種不同的面貌。有時甚至會做出令別
人感到訝異，好像變了一個人似的表現。其實這只是一個人性格
的某些層面而已，並不是特殊情況。

這時我們應該要靜下心來，仔細加以觀察、瞭解，並多注意
他的其他層面，才能真正洞悉這個人的大體全貌，而不只是自己
心目中認識的他。

人會因環境而改變

不能充分理解為什麼同一個人卻有非常不一樣的
情緒反應，就無法正確洞悉一個人。同一個人卻
判若兩人，是因為心境改變的關係。

　　愛略特曾經說：「性格既不堅固，也不是一成不變，而是和
我們肉體一樣，會隨著環境的變遷，而有所改變。」

　　的確，性格好比種子，它既能長成香花，也可能變成毒草，
至於變成香花或毒草的關鍵，就在於環境。

　　前面提到的趙先生雖然在擔任銀行信用調查工作時，只是平
凡的小職員，但當他轉換工作擔任連年赤字的客運公司總經理時，
就像變了個人似的，變得積極進取，不斷提出創新的點子，發揮
了企業家的手腕。這是因為人會隨著環境改變，新環境使他完全
變了一個人。

　　在職場中，有些人如果剛好碰到適才適所的工作，可以做得
很順利，一旦工作內容改變了，就會變得什麼都不行。

　　有些人如果工作變得很有趣，就會很積極地投入，但如果熱
情冷卻下來，相對的，也會逐漸變得消極。

　　有一位有名的主持人，只要一上了舞台就口若懸河、妙語如
珠，但一走下舞台，他就成了另一個人，變得沉默不語，一句話
也不說。

　　此外，有人心情好的時候十分和藹可親，但情緒不好時，態

度就會變得冷淡，晴時多雲偶陣雨，教人看不清楚到底哪一個才是真正的他。

對這種人評價的好壞，因觀察者的不同，而有各種不同的看法。

就像這樣，如果不能充分理解這個人，加上我們本身也有著不一樣的心理情緒，就無法正確認識一個人。

有些公司的經營者，公司經營情況良好時，在別人眼中就顯得非常有自信，目光也非常有神；但當經營情況發生劇變，公司陷入窘境時，就會完全喪失自信，看來畏畏縮縮的模樣，教人懷疑眼前的人與之前所看到的那個充滿自信的經營者是否是同一個人。

同一個人卻前後判若兩人，是因為當事人的心境已經改變了。因為，充滿自信的時候，人的心境會以自信為中心而被「完形化」，但當失去自信時，人心就會改以絕望為中心同樣被「完形化」了。

在這裡說明一下什麼是完形化，心理學上有所謂的完形心理學（Gestalt），所謂完形是指整體、體制的意思。世上的萬物，往往都是集合某幾個部分，形成所謂整體或某個體制。

有一張兩個人物對看的側面圖，是一幅很有名的心理學圖像。如果看圖中央的話，它就好樣一只花瓶，但如果看圖的兩側，它就好樣兩個人對看的側面圖。以花瓶作為圖的焦點，兩邊側面的臉就會變成背景而看不出來，如果以側面臉為焦點，花瓶就會變成背景而看不出來。兩者無法同時看見，這就是所謂視覺的「盲點」，或是心理的「盲點」。

仔細看圖可以知道，這幅圖是由一只花瓶、兩個側面臉這三個部分所組成。當以花瓶的部分作為圖的重心時，這幅圖就被「完

形化」為花瓶，而以側面臉的部分作為圖的重心時，這幅圖就被「完形化」為兩個側面臉。

　　人的潛意識是由慾望需求、本能、感情、知識、體驗、想法、優點、缺點等各種部分所構成。心理的型態會如同這幅圖，隨著上述各部分中的哪一部分成為圖的「重心」而完全改變。

　　例如，前述的經營者當公司營運順利時，因為自信浮出意識，變成整體圖像的重心或焦點，所以整個人也因為自信而被完形化。但當情況改變、業績惡化時，絕望就會浮出意識，變成整體的圖像重心，整個心也因喪失自信而被完形化，所以這個人看起來就意志消沉了。

人心的微妙變化

洞悉一個人，不只是看現在，也要觀察他將來是否有成長的可能。觀察他是否有強而有力的自我控制能力，是一件非常重要的事。

　　人的內心充滿種種矛盾。例如，當信賴、善意、自信、行動的慾望、優點、積極、歡喜、堅強、喜好、認真等分別被組合成完形化的重心時，與由不信任、惡意、絕望、怠惰、缺點、消極、憤怒、懦弱、討厭、不認真等組合成的比較起來，即使是同一個人也會給人完全不同的印象。

　　至於到底哪一方會被完形化，完全因外來的刺激或環境等而有所不同。

　　我們的心理機制會不斷改變，是因為外來的刺激，使心理的某一部分遭受誘導，浮出意識佔據圖的中心位置所致。所謂外來的誘導就如前述一般，因人處的環境不同，有各種刺激、痛苦、打擊、逆境、失敗……等等。

　　日本心理學家指出，許多年前東京奧林匹克運動會上，許多觀看日本與前蘇聯爭奪排球冠軍賽的球迷，可以清楚看到選手們心理機制的微妙變化。

　　比賽中，當日本隊取得發球權，對前蘇聯隊擊出強而有力、非常完美的一球時，日本選手們的心理因為自信而被完形化的情形就顯得非常明顯。但如果有人發生失誤，喪失發球權，受到蘇

聯隊強力的攻擊又沒有接到球時，選手們的心理就會因喪失自信被完形化，導致失誤連連。

不久之後，如果因為前蘇聯隊的失誤而取回發球權，且進攻又獲得成功的話，日本隊的心理就又會因自信完形化而變強。從中可以看出日本隊的心理機制變化得非常激烈，蘇聯隊的情況也是如此。

雖然我們知道心理機制會因外來的刺激而產生微妙的變化，但它是否總是被外在的刺激影響？事實上未必是如此。刺激所產生的變化，往往有很大的個人落差。

為什麼會產生個人落差？這是根據每個人在面對刺激時，本身是否具有良好的控制能力來決定的。

即使處於順境心理，已經因自信而完形化的人，突然又遇到逆境、失敗時，心理馬上又被絕望完形化的情況並不少。但相對的，也有反而燃起鬥志，越挫越勇，被滿腔熱血完形化的人。這時只要觀察他的心理較容易被什麼完形化，就可以正確掌握這個人的性格。

只因為一點點的打擊、稍不順心的事情，心理就立刻由好的機制變成壞的機制的人，自我控制能力很薄弱。這樣的人容易被自己的缺點、壞處完形化，即使天資很高，也會逐漸變壞。

相反的，雖然天資不一定很好，但不輕易因打擊、逆境、失敗等而氣餒，可以維持良好心理機制的人，必將可以逐漸嶄露頭角。

我們要摸清一個人性格的時候，不只是看現在而已，也要觀察他將來是否有成長的可能。而在洞悉一個人的未來發展性時，觀察他是否有強而有力的自我控制能力，是一件非常重要的事。

目標動機決定人的控制能力

重要的是要在緊要關頭能發揮優點，順利完成事情。唯有在這個時候，才能顯現出一個人真正的價值。

一個人的心理機制是否容易改變，與「自我控制能力」有非常大的關係，但自我控制能力的強度到底是根據什麼來決定的呢？

答案是決定在目標動機的旺盛程度上。

所謂目標動機是指貫徹達成所定目標的慾望，目標動機旺盛的人，會以達成目標為宗旨，強力發揮自我控制的力量，所以心理的機制不容易崩潰。即使有一時性的崩壞，也可以立刻重新建立積極的機制。

有位學者在學生時代雖然常常遭到同學欺負和排擠，但卻未喪失他心中的正面機制，反而更燃起鬥志，理由是想趕快獨立，追求成功，讓侮辱自己的人刮目相看，這種人的目標動機非常旺盛。

另外一個例子是，甲諸侯非常憎恨乙諸侯，策劃打倒乙諸侯，便找來兩位武將幫助自己。為了摸清兩人的人品，甲諸侯擺設一個不講究上下禮數的酒宴，仔細地觀察兩人的行動。

結果，兩人幾杯黃湯下肚之後，不是失去自制力，就是沉迷於女色，完全忘記要控制自己，甲諸侯因而斷定這兩個人成不了大事。

　　因為某些不用講禮數的場合，就心情鬆懈亂說話，甚至忘記上下輩分的人其實很多。如果能仔細觀察這一點的話，不但可以透視對方的真面目，也可以明白對方是否是一個自我控制能力薄弱，不可以信賴倚靠的人。

　　人的價值是由自我控制能力的強弱來決定的。一個人不管怎樣努力嘗試營造良好的心理機制，如果自我控制的能力薄弱，只要一點點的刺激、打擊，好的心理機制就會立刻崩潰，變成壞的心理機制，那麼，一切都是枉然。

　　參加企業徵才面試的人，如果想讓人覺得自己端莊大方，就會極力將端莊大方完形化，將它呈現在考官面前。但有些人一旦遭到考官質疑，受到打擊時，立刻就會被憤怒或悲傷完形化，心理機制也因此完全走樣。

　　打擊而引發出的憤怒、悲傷情緒，在考場上應該要壓抑，防止它浮出意識，因此，我們隨時都要發揮強大的自我控制能力。如果一個人自我控制能力過於薄弱的話，就無法地壓抑憤怒、悲傷等負面情緒。

　　在人的潛意識裡有各種的感情和慾望，這種種的感情、慾望很容易因為外來的誘導、打擊而進入意識中。

　　當然，自信、鬥志、積極等情感意識化是沒有問題的，但當絕望、怠惰、消極等感情意識化時，就會產生非常負面的效果。所以，當負面情感快要浮出意識時，人一定得發揮壓抑它們的自我控制能力才行。

　　如果一個人的自我控制能力薄弱，就無法壓抑上述的負面情感，使它們因外來的刺激、打擊而進入意識，讓整個心被它們完形化。

　　變成這樣時，只要一點點的刺激、打擊，缺點就會整個浮現

出來，帶給人沒有自信、生性怠惰又消極的印象。

　　人不單單只有優點或只有缺點，是優缺點兼有的。問題是，什麼時候發揮優點，什麼時候會表現出缺點，平常不太容易看得出來。但當處於困境時，可以發揮很大的勇氣，或一直努力到底的人，都屬於自我控制能力很強的人。

　　相反的，有的人平常愛說大話、伶牙俐齒，但一遇到困境就慌慌張張，不知如何是好，不是專做傻事，就是完全喪失意志，毫無疑問的，是自我控制能力薄弱、不可信賴倚靠的人。

　　總之，重要的是要在緊要關頭能發揮優點，順利完成事情。唯有在這個時候，才能顯現出一個人真正的價值，也唯有可以相當程度達到這點的人，才是擁有相當自我控制能力的人，才是目標動機旺盛的人。

4.

表現弱勢是為了製造優勢

使對方覺得你很渺小，
是引誘對方講話的最佳辦法。
因為當對方向下注視時，
心理上很自然地便會產生一種優越感。

觀察仔細，就可以摸清對方底細

對方些微的反應、細小的動作或者是無意中的用
語，常被用來當做「研判」其心思的材料。

在這個不懂得包裝，就無法將自己推銷出去的社會，虛有其
表、裝模作樣、「說一套，做一套」的人到處都是，千萬別被對
方洋洋灑灑、圖文並茂的「履歷表」迷惑，只要觀察他的言行舉
止，就可以看出他的底細。

電視節目中，時常可看到類似心理測驗，或性向測驗的遊戲
穿插其中。

例如，主持人會將數種不同的圖片排在一起，然後詢問來賓：
「你比較喜歡哪一幅？」或者，主持人展示某種情境的圖片，問
來賓說：「如果你遇到這種情況時，會採取什麼舉動？」

也許有人認為這種測驗只是一種遊戲，一種類似占卜的方式
而已，但是，事實卻非如此，它是心理檢核方式中所謂的投影測
驗。

投影測驗的辦法，通常是將一幅意義不明的圖畫，甚至是一
張沒有固定形狀的圖形，交給參加測驗的人，讓他們仔細觀察之
後，再視他們的解釋與反應，分析該當事人的性格。

比如，有一幅兩名男子相對站立的圖片，參加測試的人在仔
細看過後，認為是兩個人正在吵架，表示他們具有攻擊性格；如

果判斷兩人之間是友善的關係，則表示他們具有獨佔朋友與愛情的想法；如果解釋的內容偏向大膽臆測，誇張得像小說情節一般，則表示這樣的人具有逃避的傾向……等等。由上述分析，即可瞭解受試者的心理狀況。

另外，經常使用「好厲害」或者是「真妙」、「真棒」等過分誇大形容詞的人，大都是具有歇斯底里的性格；講話時，言詞不通順，意義含糊不清的人，必然具有強烈的不安感。

其實，我們在日常生活中，也時常會無意識地以類似心理測驗的方式來判斷四周的人。尤其是對初次見面的人，或者遇到不太熟悉的朋友時，經常會把對方的肢體反應、細微的動作，或是無意中說出的用語，當做「研判」對方內在心思或個性的材料。

商人為了生意與陌生客戶初次約談，由於彼此素未謀面，見面時，彼此的外在往往會蒙著禮儀與體面的薄紗，不易流露出本性來。

所以，如果對方西裝革履，心中就會認為此人「很講究氣派」，如果對方無意間眨眨眼睛，就會以他「不夠穩重」而下斷語。

但是，經過一段時間交談之後，由於心理測驗的材料逐漸增加，因而對對方產生某種特定的印象。

例如，穿著最新款式的西裝、喝咖啡時故意裝得很有派頭、言詞中不時夾雜一些外語，這種人我們只須略做觀察，便能夠輕易地掌握他的實際面貌。

雖然人們對於衣著的選擇、遣詞用語，以及小動作等特徵的表現，往往依時地而有差別，但是，如果用心將之歸納為幾種特徵，還是能夠幫人產生一個完整的印象，這也就是所謂的人格觀念。

我們之所以會觀察人，就是因為想要瞭解對方。

做人的態度，會因時因地而不同，在某種程度之內，自己也可以加以控制；我們平常與人來往時，主要觀察到的便是這個部分。

這種外表態度，當然與內在氣質或性格具有相當的關係，除非是雙重人格，否則大體上是頗為吻合的。

只要細心觀察一個人對一件小事採取的態度、產生的反應，就能與心理測驗一樣，可以由極小部分洞悉他的全體，或者了解他潛藏於心靈深處的本意。

如果能夠體會這一點，而靈活的應用於社會生活中，便可由小小的特徵，洞知對方的全部。

改變印象就能改變形象

印象，能以人為的力量加以轉變，因此，我們不
必認為自己擁有不利的形象而感到心灰意冷。

　　我們在潛意識中，幾乎都會用自己的喜惡標準來衡量別人的
聲音、容貌、講話的方式、態度、動作、服裝……等。也就是說，
這些外在條件都是我們評價他人「印象分數」的重要因素。

　　事實上，我們在評定一個人時，通常只是根據對方外表產生
的印象而定，極少注意到這個人的能力與性格。所謂「第一個印
象最重要」這句話，就是由前述原因而來的。可是，這裡有幾個
問題必須討論。

　　第一，大家應該瞭解「印象因素」因人而異。

　　以容貌來說，所謂的「美人」是否一定能給人留下良好的印
象呢？

　　其實，並不一定，因為態度傲慢的美人同樣會遭人排斥。而
且，美人的定義也是因人而異，某些人認為眼睛晶瑩透澈就是美
人，有些人卻認為瓜子臉才算得上是美人。因此，美不美實在很
難訂定一個絕對的標準，每個人所持有的印象評比，是否能夠獲
得對方贊同，在於是否有相同的標準。

　　其次，各種「印象因素」會互相產生關聯。舉例而言，當我
們遇到一位出身名門且相貌堂堂的人時，心中總會認為他的言行

舉止必然莊重、高尚，可是一旦發現他說話時大呼小叫，像個沒教養的鄉巴佬時，我們究竟又該如何加以評價呢？

這種情形的發生，是由於我們心中已經有了先入為主的觀念，認定「具有這種容貌的人，應該會用某種聲音或態度講話」，如果事實符合想像，當然不成問題，如果與印象不符，我們便會因為突然喪失評價標準，產生判斷上的困擾。

在各種印象因素中，以哪種因素所佔的分量最重？

答案是特徵，舉例來說，當我們看完一部電視劇後，經過一段時日，再來回憶劇中人物的特徵時，常常會難以想起，腦海中僅留有「帶著眼鏡的人」，或「講話速度快的人」……等特殊的印象。

這種現象與個人的記憶力、注意力有關，因為當我們對某人產生某種特定印象時，必然有個構成印象核心的「特定要素」，它支配了其他的印象要素，強烈地影響我們的記憶。知道這一點，我們才能明白，何以經過一段時日後，對某些人物的容貌舉止已毫無印象，但卻對他的某個特徵仍留有深刻的記憶。

當然，「特定要素」的內容因人有別，倘若「容貌」為 A 先生建立的特定要素，那麼對於容貌的好惡，就成為 A 先生評價其他人物的標準。倘若「態度」為 B 先生的特定要素，那麼 B 先生也會以他對別人態度的好惡，做為判別標準。

所以，我們無法絕對的指出，哪種要素對製造印象最具效果，而且，每一個人原本所具有的印象因素，也能以人為的力量加以轉變。就像在服裝方面，只需更換造型即可，至於容貌方面，目前也有各種美容方法來解決，因此，我們不必認為自己擁有不利的形象而感到心灰意冷，每個人都可以透過努力改變自己，而改變別人對自己的印象。

表現弱勢是為了製造優勢

使對方覺得你很渺小,是引誘對方講話的最佳辦
法。因為當對方向下注視時,心理上很自然地便
會產生一種優越感。

擅長推銷或說服人的人,通常都會適時運用「弱勢的誘導技
術」,也就是說,他們之所以表現弱勢,其實是為了替自己製造
優勢。

大家或許會發現到一個現象,電視節目主持人的身材都不是
很高大,尤其是談話性節目。

主持談話性節目的工作性質,主要是在引導話題,使節目順
利進行而不致於冷場。經常參加電視節目錄影的人,應該非常清
楚無法引導話題的節目主持人的為難之處。遇到參加節目的來賓
不善言詞時,往往會造成非常困窘的場面。

此時,如果是一位優秀的節目主持人,他就會及時運用自己
的機智,順利化解尷尬場面。據一位心理學家的觀察,看起來比
較弱小的節目主持人,大多比較機智。他們是用什麼方法呢?

一言以蔽之,這些身材嬌小的節目主持人,常常會努力讓對
方將自己弱小的身軀看得更弱小,清楚地表現出希望能與對方進
行交談的念頭。這種現象只有在錄影現場才能看得到,在家中透
過電視螢光幕觀賞時,恐怕不容易發現。

上述現象主要在說明,使對方覺得自己渺小,是引誘對方講

話的最佳辦法。這是為什麼呢？

　　理由非常簡單，因為當對方向下注視著節目主持人時，心理上很自然地便會產生一種優越感。

　　日本心理學家多湖輝便有一次類似經驗。有天，一個陌生人忽然來到研究室訪問，雖然並未事先約定，可是因為多湖輝正巧在研究室，所以也無法拒絕，只好請他入內。這個人進入房間後，馬上坐在多湖輝示意的客人用椅上，而且只坐在椅子前半部。

　　由於來者是位不速之客，所以讓多湖輝非常小心疑惑，很想知道他的來意，卻又難以啟口。正當多湖輝猶豫不決時，他突然以坐姿，仰視著多湖輝說道：「先生，您有沒有孩子？」

　　「有啊！」多湖輝依然站著。

　　「您曾經讓您的孩子看過這種書嗎？」他說著說著，便拿出一套關於心靈教育的勵志書籍。如此三言兩語之後，多湖輝就敗在這位銷售心靈教育書籍的推銷員手下，以昂貴的價格買下這套書。

　　把自己裝得比原來的自己更弱小的技巧，實在很有效果。因為，就在多湖輝送他出門之時，才發現這個人其實跟自己一般高，不禁佩服他推銷說服的技術。

　　事實上，人在有求於人或是別有所圖之時，也會表現出弱勢的模樣，或戴上卑微的假面具，藉以發動溫情攻勢。當我們遇到這種狀況，就必須更加小心地提防。

當心別人向自己推銷錯誤的訊息

具有自我中心性格的人，為抬高自己的重要性，經常會以消息靈通人士自居，到處吹噓，謠言形成的主因便來自於此。

　　我們通常知道流言不可輕信，可是在情況急迫時，我們卻容易盲目地相信口耳相傳的流言。因為，人一旦遭遇意外狀況，或在危險的處境時，經常會為了克服混亂，而不擇手段地想得到消息。

　　但是，必須說明一點，有些放出流言者並無意騙人。事實上，他本人也希望此消息是真實的，因此能夠在聽者心中產生相當的效果。

　　尤其是傳話的人，為使自己所說的內容逼真，具說服力，所以會加強某一部分；不是過分誇張，就是過分壓抑，或者依自己的判斷牽強附會，在有意無意的情況下歪曲事實。

　　不過，我們由對方的言談中，很難察覺到這種現象，因為大部分的人，在聽到自己期盼的消息時，往往會立刻相信。因此，為了避免此種狀況發生，我們除努力提高自己的判斷力與批判力外，實在沒有更好的法子。

　　每當公司發生人事變動時，一定會出現許多好事之徒，把從某處獲得的馬路新聞，加上自己的主觀臆測後，然後再到處宣揚，以權威姿態說出人事變動的秘密。

在這些人心中，總是非常驕傲地認為，自己得到的消息絕對領先他人許多，而且，當他無法因此成為同伴的中心，就會覺得不安與惶恐。

具有這種自我中心性格的人，為抬高自己的重要性，經常會以消息靈通人士自居，到處吹噓，謠言形成的主因便來自於此。

依美國深層心理學家黎希德的研究顯示，每四個人中就有一個人是利用這種方式做自我推銷，這些人心中的企圖不外乎：

1. 希望引起他人的注意。

2. 表示自己的慧眼。

3. 嘗試當領導者的滋味。

4. 欲誇耀自己的消息靈通。

5. 炫耀自己的地位，就像有能力購買某種價格昂貴的商品，再藉此向他人誇示自己的地位與經濟能力。

6. 炫耀自己的說服力。

7. 證實自己的判斷無誤。換言之，如果深信自己言論的人愈來愈多，他就愈認為自己所言真確。

8. 強調自己的優越性。

比如在介紹一件商品時，某些人時常會把含有「這種商品不但品質好，性能佳，不買的人實在是呆子」此類言詞，強迫輸入對方思想，勉強對方接受。嚴格說來，這種行為就某種意義來說，根本就是利用言詞的力量，試圖使對方屈服。

要是對方不順從，他更會因為聽到對方回答：「不！我喜歡那邊的商品，你介紹的這種我不喜歡！」而認為這是對他的一種莫大侮辱。

他們對所有不順應自己意志的人，都會產生強烈的敵意。所以不論是再親密、再要好的鄰居或朋友，只要與自己的意志稍有

不合時，他們馬上就會翻臉，將對方認定成自己口中所謂的懶惰、頑固的呆子。而他們心中原來所具有的友好之心，立即會化為滿腔的憤怒與怨恨。

這種口頭傳述型的人，對他人之所以產生毫不寬容的念頭，完全是因為自我中心意識在作祟。當然，誠心幫助他人，心中充滿善意，以自然不矯情來宣傳自己理念的人，仍屢見不鮮。這種希望把自己獲得的滿足與方便，與他人分享的人，可稱為「真誠型口頭傳述者」。

這些人每當使用到好的新產品時，便四處宣傳勸導他人試用。當他們告訴鄰居朋友們：「你可以試著使用這種商品，它的性能不錯！」，絕不是因為該物品暢銷與否，對自己有什麼好處，而是在利用這種商品向對方表示自己的友情與善意。

所以，縱然對方拒絕自己的建議，也不會感到羞辱、憤怒，而且如果對方所言合乎情理，他也能心平氣和的接受，不會固執地堅持己見。

根據黎希德的調查，每五人中就有一人屬於這種類型。

要融入團體，先學會說暗語

當你打算加入某一階層時，或想要了解某種職業時，最好也能精通他們的職業用語、習慣用語或者暗號。

　　許多人都喜歡使用一些暗語。依使用者來區分，暗語大致可以分為兩種，一種使用於普通人際的同伴、同學或年輕人之間，另一種則是在黑道等反社會性的犯罪集團中使用。

　　不管是哪種類型，故意使用暗語的心理，總不外乎優越意識在作祟。說得更清楚一點，這種心理乃是「別人不能做的事我能做」、「比較性優越感」所產生的。

　　舉個最明顯的例子，年輕人對長輩多少都會有一些反抗念頭，但如果毫不掩飾地將這種反抗的心理表露出來，往往會引起不必要的衝突。

　　所以，他們便製造出一些唯有在同伴間方能通用的暗語，試圖建立一個大人無法滲透的禁區。當他們看到長輩們因不瞭解這些暗語意義而感到迷惑時，便會覺得痛快極了。特別是長輩們向他們詢問這些暗語的意義之時，更會給他們帶來難以言喻的優越感。

　　假若再加上黑社會的黑話於其中，讓對方覺得他似乎與這些集團有所來往，因而更增加對方的恐懼感。

　　若對方真的因此提高警覺，改變態度，並對他採取敬而遠之

的態度，那不是正合他的意思嗎？如此一來，就等於在自己身上加上一層恐怖的偽裝，具備讓他人產生畏懼的威力。

此外，流氓與不良少年大都會藉著使用暗語，沖淡他人對自己反社會行為的警覺。如果流氓、太保們在談話中滲雜著暗語，即使他們是在商量壞事，但由於暗語關係，外人根本無法了解他們的談話內容，自然無法提防，這就是暗語的掩護作用。

另外，也有不少人利用暗語製造藩籬，排斥一切自己不認同的人，而構築出一個完全隔絕的世界。

對這些人來說，這種自我世界的產生，是一件令他們喜悅的事情。但由於他們的行為無法受到社會一般人的理解與接受，加上他們本身也無法適應社會，因此對整個社會來說，他們是一群不合群的異類。

所以，他們也只有生活在「使用暗語的世界」中，才能夠滿足自己生活的意義和需求，暗語因而具有心理，甚至生理方面的補償作用。

暗語所具有的另一個心理功效是，它能夠加強使用暗語的同伴之間的親密感。舉例來說，雖然許多人已經從小學畢業十幾二十年了，可是在同學會中，遇到過去的老同學時，仍能夠很快的沈浸於往日那種和諧親密的氣氛中。

這是因為他們還記得當年同學間使用的「暗語」，或者老師們的綽號，而使時空的距離迅速消失、縮短。

由上述的種種情形，我們還可以得到一項推論，那就是，暗語等於是進入某一特定集團的通行證。

除此之外，想拓展人際關係，我們也可以將「暗語」二字的範圍擴大，將階層語言與職業用語都包括在內。當你打算加入某一階層時，或想要了解某種職業時，最好也能精通他們的職業用

語、習慣用語或者暗號；如果能夠通曉這些術語或暗語時，很快便可融入其中。

　　可是有一點，大家必須特別小心，使用暗語必須適當，不可太過分，否則很容易弄巧成拙。例如，我們發現某人在談話中使用過多的暗語時，通常可以據此確認這個人是該行業的新手。

　　這是因為他們希望人家不要認出自己是個新進，所以努力想把自己所知道的一切暗語全都使用出來，企圖藉此瞞過別人耳目，他們本身可能也為自己的善於用詞而欣喜若狂呢！但事實上，得到的卻是反效果。

從購物態度可以了解做人態度

盲目認為高價位商品就是好東西,並且把這種想法付諸行動的男性,正表示他對「現實」的判斷力不夠。

　　許多男性都認為女性喜歡昂貴的禮物,因此在選購禮物時常常認為價格就是價值的符號,而選擇最昂貴的物品。其實,這正是不理解女性真實想法的錯誤做法。

　　幾年前,有位心理學家曾以二十一至二十九歲的職業女性為對象,做了一項問卷調查,在問卷中有這樣的問題:「如果妳的異性朋友送妳一份禮物,在他心目中認為,價值越高的禮物越能博取妳的歡心,所以贈送的禮物相當昂貴;妳會與這樣的男性做更進一步的交往嗎?」

　　或許,你會認為答「是」的比率應該很高,但出乎意料的,接受調查的人,大約有百分之八十的人回答是否定的。

　　此外,問卷內容還有一個問題是:「妳的男友在購物時,對相似的物品,只選擇價格較高的那一種;妳會選擇這樣的男性,做為妳的終身伴侶嗎?」

　　這個問題的答案中,大約有百分之七十的人選擇否定的答案。

　　起初,這位心理學家對這項調查的結果感到非常疑惑,因為現代的女性,哪個不喜歡出手闊氣的人呢?而且,對一般人來說,價格越高的東西代表品質越好,這種想法應該是非常自

然的。可是，由調查結果看來，她們的想法似乎並非如此。

於是，他便訪問若干接受調查的女性，彙總之後，發現她們對這些浮華奢侈的男性，大都抱著懷疑的態度，所以對具有這種傾向的男性，當然就採取敬而遠之的態度了。這個例子說明了，年輕的女性較男性對現實更具有判斷力。

盲目地認為高價位商品就是好東西，不去考慮別的因素，並且把這種想法付諸行動的男性，正表示他對「現實」的判斷力不夠。

因此，在這一方面，相對於男性，女性的判斷更感到信賴。而且，從觀察一個人購物的態度，及對物質的評價，很容易便可以清楚他的想法及做人的態度。

穿著華麗，多半戴著假面具

男性時裝專家的評價，具有十分深刻的心理意義：從心理學角度來看，過分考究穿著的人多半戴著假面具。

目前，時裝界已經不再是女性獨霸的天下，男性時裝的設計在現今漸漸受到歡迎。由於社會競爭越來越激烈，男性時裝界為鞏固自己的地位，還成立一個類似協會的組織。

有一次世界各地的協會在召開國際性聯合大會時，時裝專家們提出一段非常有趣的言論。這段言論的主旨是在討論最佳服裝獎的標準，結論是：**過分講究打扮或穿著毫無變化者，都不能算是會穿著的人。**

許多以講究穿著、注意服飾而出名的人，每次對於隔天所要穿的衣服，往往會花一個小時以上的時間來做準備、考慮。

他們的頭髮永遠都是梳得服服貼貼，並抹上適量的髮雕。西裝上衣的前胸，總是插著與領帶成套的手帕，皮鞋與西裝的搭配也十分考究。

但他們的服飾由男性時裝專家來評判時，成績都是不及格。如果套個最近流行的黑色幽默來看，還有人建議，可以頒給他們最差服裝獎。

過分注重穿著的人，實在讓人不敢恭維。我們經常可以聽到有人批評：「那個人確實是不錯，可是他對於穿著太過講究，和

他在一起，真是令人無法忍受。」

　　這些判斷與男性時裝專家的評價，都具有十分深刻的心理涵義。我們可以先將結論提出來：過分考究穿著的人，依照心理學的角度來看，多半戴著假面具。

　　假面具在拉丁語中為 *persona*，這個字不禁使我們立刻聯想起英文中的 personality（人格），personality 的語源是由 *persona*（假面具）而來，所以人格往往都戴著假面具。從這一層意義上來看，電視、電影甚至日常生活中所出現的騙子，服裝大都非常講究，或許就是出於這個原因吧！

直接接觸是最有效的說服

電話與書信只能傳達訊息，不能掌握對方的心
理，直接接觸的交際，雖然比較費功夫、花時
間，但是卻能獲得更大的功效。

在歐美各國中，握手是一種極為普遍的習慣，可是在東方，握手這動作至今仍然會使某些人感到彆扭、不自在；許多人都認為即使不握手，彼此之間也應該能夠溝通。可是，對生意人與政治家來說，他們則比較相信，如果互相不握手，便很難進行直接接觸，建立與對方之間的信任感，雖然在政商之中，到處都存在著「不信任的關係」。

一般來說，不習慣與人握手的人，如果遇到對方要求握手時，雖然心中會略有不自在之感，但是有時候藉由握手，也不由得會產生彷彿與對方具有某種連帶關係的感覺。

這就是肌膚接觸所產生的效果。據說，美國前總統雷根最擅長的一項說服技巧，就是在談話中，不停觸摸對方的膝蓋或拍拍肩膀，同時配合運用說詞來說服對方。

這也許是身為政治界的領導人物，為維持派系間勢力的均衡發展，必須具備的說服技巧。除此之外，在競選期間，也時常會出現到處與選民握手的候選人。他們常常站在車站或公園前，與路過的行人一一握手，表示友善與親切。

雖然這麼一來，握手成為他們相當沈重的負擔，不過此舉卻

給予選民相當良好的感受。因為，在手與手的接觸中，往往會使對方產生心靈契合與溝通的感覺，甚至為此而改變觀感的也大有人在。這種接觸所留下的印象，極不易被人忘懷，通常會持續到投票當天，因此採取握手戰略的候選人，得票的比率自然會有一定程度的提高，這就是肌膚接觸所具有的力量。

根據調查訪問，可以證實這種說法的正確性。例如，探詢從事競選活動時，使用的宣傳手段中，那一種最有效果呢？

大多數人都認為，能夠和候選人直接接觸的演講會，比張貼海報、刊登廣告或利用電視發表政見等利用大眾傳播工具的宣傳方式，更平易近人，也就是說，直接接觸的程度越低，效果就越差。

電話拜票或問候書信與選舉傳單，表面看來，似乎能夠產生「直接的接觸」，事實上，卻完全不是這麼一回事。

因為並非由候選人親自打電話，而是助選人員或行銷公司像做生意般地向選民問候，所以往往令人產生公式化的印象，毫無親切感。

至於宣傳單，也並非以個人為對象，它不過是候選人對多數群眾形式上的推銷，因此，選民很難感受到候選人心中的熱忱。

這就像我們打電話時往往會說：「真不好意思，打擾你……」，其實，對方心中很清楚我們並不是真的不好意思。

因此，若是遇到必須說服對方的事情時，最好能夠約定時間，親自與對方碰面，進行直接接觸。因為電話與書信只能傳達訊息，不能掌握對方的心理，直接接觸的交際，雖然比較費功夫、花時間，但是卻能獲得更大的功效。

相貌堂堂的人，不一定是好人

外表看起來老實，並不足以證明一個人的內心善
良，睜大眼睛多加觀察，免得受騙上當，後悔莫
及。

「你是否喜歡某某歌星或某某政治人物？」

這個問題所出現的答案呈兩極化的情況可能不少，因為對於
這類人物的評價，大家必然有不同的看法。

演藝人員和政治人物有極為類似之處，那就是他們在舞台上
所展現的態度和風格，往往使人覺得他們很偉大，這種偉大或許
就是心理學中所謂「主觀性的大」。

「看起來之所以變偉大，就是因為其中滲入某些因素。」若
想探尋究竟加入些什麼在裡，必須考慮各方面的條件。

這種使人誤認而表現出來較實際高大、成熟的原因，可說非
常複雜，而有時當事者對這種因素也會有所自覺，並善加利用。
例如，假藉宗教斂財、詐騙的神棍，便是很明顯的例子。

他們通常並不是身材高大，或看起來多麼具有威望的人，可
是初次見面，卻會令人覺得他的體形高大，身上彷彿充滿著某種
神奇的光芒。

社會學稱這種現象為「卡里斯馬」，正因為他們懂得誇飾自
己，看起來往往看起來會比實際上來得高大。

納粹黨領袖希特勒，在全盛時期時也是如此。真正的希特勒

是一個身材矮小的男子，而且是一個對自己矮小身材十分在意的人，然而許多傳說，都將希特勒形容為一個具有魄力、身材魁梧的亂世梟雄。

某位職業婦女在個很偶然的機會中，與一名男性邂逅。當時，他正倚靠在酒吧的櫃台邊，高大英俊，聲音極富磁性，全身洋溢著男性魅力，她很快就被他吸引，掉入愛的漩渦。

經過一段時日來往後，她終於決定與他成親，於是將他帶回家，介紹給雙親認識，家人對這門親事也都非常滿意，一致贊同。

可是自從結婚以後，他的態度開始逐漸轉變。起初，他時常提到錢的問題，後來變本加厲，經常要求女方拿出大筆金額的錢。

這位女士感到十分納悶，於是一面婉轉拒絕他的要求，一面商請徵信社調查對方的底細，結果發現這名男子是個前科累累的詐欺犯。

外表看起來老實，並不足以證明一個人的內心善良，但是直到目前為止，我們也無法肯定每個儀表堂堂、風度翩翩的人一定是壞人，因此，遇到這種人的時候，最好睜大眼睛多加觀察，免得受騙上當，後悔莫及。

5.

從色彩的喜好透視個性

人類的心理既然與色彩具有密切的關係，
我們當然可以利用它做為判斷對方心理的材料。

MIND-READING

對方是性格偏差的收集狂嗎？

收集狂頑固的一面特別明顯，對於自己的看法從
不肯讓步，也不會適度的與他人妥協。

少年時期的收集狂熱，主要是希望得到難得擁有的東西，不
過，一旦興趣消失時，過去所收集的銅幣或郵票，往往被棄如敝
屣而遭遺忘。相信許多人在少年時代都曾有過這種經驗。

可是，從心理學的觀點來看，長大後還以收集某種特定物品
為興趣的人，卻有著相當有趣的共通點。

其一，強烈的佔有慾。他們對於自己所收集的物品非常珍愛，
即使是家中任何人的觸摸，也都足以引起他的震怒。

這種人一方面很希望別人來欣賞他的收集品，另一方面卻又
覺得讓人家欣賞，是一種極大的施捨。

他們對自己所擁有的東西，非常迷戀，幾乎到了愛不釋手的
地步，此外，他們還很想佔有別人的東西，也就是一般所謂的吝
嗇性格。

其二，對於自己的任務與行動範圍，絕不准許他人插手過問，
同時，也絕無興趣過問他人的領域。

因此他們在做事方面，雖然會完成自己負責的任務，可是卻很
少理會分外的事情。

此外，他們會把工作與遊戲分開，明顯的區別喜歡與討厭的

朋友，在工作或社交方面，也不喜歡馬虎草率。

其三，具有熱衷的個性。他們對於收集工作務求徹底，若把這種精神放在工作中，當然會發展出負責、認真、徹底的態度。

他們肯花很長的時間做好一件事，但是卻不在乎自己與他人，以及與團體的相互關係，因此他們與別人合作時，絕不會把自己的工作交給別人做，或者屈就別人，以求取彼此步調的一致。

除非他自己感到滿意，否則是不會停止的，這種執著當然有正面意義，但時常會破壞團體的協調性。

這種人頑固的一面特別明顯，對於自己的看法從不肯讓步，也不會適度的與他人妥協；在團體中，也經常表現出唯我獨尊、自說自話的行徑，完全不理會他人的意見。

因此，當他提出的意見與會議所討論的主題毫不相干時，還會沾沾自喜地賣弄知識學問。情況嚴重時，甚至會固執己見，不相信任何人，最後因為無法在團體中與人和平相處，而造成自閉症。

心理學家指出，上面所說的這些現象，乃是肛門性格的表現，產生這種現象的因素多半由於幼年時期接受的排便教育太過嚴格，或者生長於有潔癖的家庭中所致。

具有肛門性格的人，對性所產生的反應通常也與肛門有關，例如，當他們失戀時，往往會有拉肚子或便秘的症狀，這種現象一般稱之為性慾退化至肛門的現象。

此外，有人認為男同性戀者，也是由於性慾退化至肛門所引起，相同的，他們以具有自閉性，社交範圍狹窄的人占大部分。

從對事物的第一印象了解一個人

注意焦點側重於形狀的人，較趨向於理性，壓抑感情面，對事物往往會加以冷靜分析，並依照客觀立場判斷事實。

　　兩位男士漫步在街上，忽然有輛汽車從他們眼前駛過，其中一位說：「這輛車的外形還不錯！」另外一位則說：「這部車的顏色相當顯眼！」

　　兩位女性站在百貨公司女裝專櫃前，其中一個說：「這套洋裝的樣式好流行，不是嗎？」另一位則說：「這套洋裝的顏色真吸引人！」

　　由上述情況我們可以知道，同樣的東西，有些人只注意樣式，有些人則注意色彩。雖然根據每個人不同的反應，作為調查其性格的差異是相當草率的一件事，但是仍然可以大略看出一些端倪。

　　心理學上有一項試驗是，令受試者進入暗房，然後迅速將紅色的三角形、藍色的圓形，以及黃色的四角形圖片，從他們眼前閃過。

　　此時有人會說：「我看見了三角形與圓形的圖片！」也有人會說：「我看見了紅色和黃色的東西！」

　　大致而論，只看到形狀的人，大多是男性或身體瘦削的人，而只注意到顏色者，則以女性以及比較肥胖的人居多。

　　若由性格角度來分析，注意焦點側重於形狀的人，較趨向理

性，壓抑感情面，對於事物往往會加以冷靜分析，並依照客觀立場判斷事實。

他們在與人來往時，也不會過分流露自己的感情，經常與人保持一定的距離。他們平常極為安靜，很少與人吵鬧喧嘩，也不會過分固執己見，或草率行事，整體來說，有不易與人交往的特性。

相反的，注意焦點側重於色彩的人，則較注重感情，遇事往往會馬上表露心中的喜怒哀樂，情緒也容易受到外界人事物左右。

這種人性格很明朗，不會一直固執於一件事情，所以人際關係十分良好，喜歡與大家一同喧鬧。

不過，這樣的人與人交往雖然坦誠直爽，卻相當善變，對事情的好惡表現太過明顯，如此也會造成與他人親近的障礙。

心理學家研究指出，在畫家當中，畢卡索是屬於比較注重形式的一類，而馬蒂斯則屬於比較注重色彩的一類。上述兩種類型在性格方面具有相當大的差別，所呈現的畫風當然也會有明顯改變。

雖然我們很少有機會觀察自己四周人所繪的畫，但是由照相時，究竟較注意佈局，還是較注意色彩，也可以分析出他們的性格來。另外，談話時偏向描述顏色或形狀的人，我們也可依此來斷定其性格。

從色彩的喜好透視個性

人類的心理既然與色彩具有密切的關係，我們當
然可以利用它做為判斷對方心理的材料。

　　美國心理學家威廉‧詹姆斯由於從事研究心理學的緣故，因此，每次到朋友家拜訪時，總不免被詢問一些關於孩子們的性格問題。

　　遇到這種情況時，他便會請他們把孩子的圖畫拿出來給他瞧瞧，由這些圖畫中，大多能夠正確看出孩子們的心理情況。

　　比如，畫中使用褐色的部分很多，而且塗得很厚，如黃泥一般，則可斷言：「雙親喜愛整潔，太過於注意孩子的服裝或手腳是否乾淨。」

　　他的判斷大致上都猜得很準。

　　另外有一次，看到圖畫中把太陽畫成紫色，他就問：「這孩子的心裡，是不是有什麼不愉快的事情？」

　　對方告訴詹姆斯：「真被你說中了，我太太這幾天因為生產入院，由於媽媽不在家，害他整天一副若有所失的模樣！」

　　在一般情形下，人幼小時，使用黃色的部分較多，逐漸長大時，則會開始喜歡使用紅色，長大成人後，則會以使用藍色居多。

　　因為黃色表示撒嬌，紅色表示好動活潑的慾望，而藍色則表示自制。所以，我們從顏色的運用，可以判斷出每個人的心理狀

態。

另外，喜歡使用黑色或經常以黑色描繪圖形邊緣的小孩子，我們可以判斷他的家庭可能發生變故，或者家教過嚴，或父母對子女的感情太過冷淡，使子女們的心理受到某種壓抑。

人類的心理既然與色彩具有密切的關係，所以我們可以適度地利用它做為判斷對方心理的材料。

人到了成年以後，因為已具有特定且獨立的審美觀念，並受到風尚流行影響的關係，因此顏色在表現個性方面，已不像小孩時那樣正確，不過在某種程度內，仍可作為一種參考。

首先，紅色是代表要求行動的心情，活潑而充滿精力，所以喜好活動的人，大都愛好這種顏色。

不過，這種顏色也表示需要強烈的刺激，或是內心渴望愛情，當然也包含喜歡華麗，希望引人注目的潛在心理在內，這也就是紅色特別受到年輕人喜愛的道理。

黃色代表撒嬌的心理，喜歡依賴別人，希望獲得他人關愛的強烈欲求，因此性格也比較明朗、天真無邪；喜歡社交活動的人，對這種顏色極為愛好。大致說來，穿著黃色洋裝的女孩，大都是家中的老么。

藍色是代表自制心理的顏色，具有壓抑個性，樂於與大家協調，或者是遵守秩序的意義。心理學家認為，公司中的新進職員，多半喜歡穿藍色的西裝或襯衫，可能與這個原因有關！

另外，雖然同樣是屬於藍色系列，如果喜歡的是特別令人感覺冰冷的一種藍色，則表示他過於壓抑自己，心中具有某種不安定感。

綠色與藍色一樣，屬於自制的顏色，是較理性的人所喜歡的顏色，不過，綠色另外給人一種心情明朗的印象。

　　橙色是混合著明朗與活潑的顏色，象徵發展與希望。

　　喜歡黑色或白色，則表示不願顯露自己的真面目，具有偽裝或有所期待的個性。至於灰色，雖然也表示壓抑感情，但是喜歡灰色的人卻不會故作姿態，意味著希望與他人調和的心理。

　　大致上說來，喜歡原色系的人具有強烈的自我主張，有自我的個性，喜歡中間色的人則比較具有協調性。

外在打扮會透露你的真實年紀

成天為生活奔波的人，多半希望自己精神負擔不
要過度，因而對新事物總是謝絕往來。

　　有些人對新奇事物十分感興趣，會毫不考慮的大膽仿效任何
新流行。其實，這種行為需要相當大的勇氣，因為當大家做平常
打扮時，敢穿超短迷你裙的女性，作風實在異常開放，甚至可以
說是大膽。

　　但是，她們一點也不害怕別人的質疑眼光：「這樣的穿著是
否會遭人白眼？」或者「穿這樣大膽的服裝，會不會惹人注目？」
她們對於周圍的異樣眼光大都毫不在意，視若無睹。

　　從這層觀點來說，她們算是忠於自己的人，做自己想做的事
情，或許她們的朋友或雙親可能會說：「啊！妳不要這樣穿吧！
難看死了！」但是，她們根本不管，因為她們認為唯有這樣不斷
追求新的事物，才能感覺到生活的快樂。

　　不過，徹底追逐流行的人在社會上畢竟不是那麼多見。

　　據美國社會學家洛賈斯的研究結果顯示，在美國，這類型的
人僅占全國人口的百分之二點五，在亞洲國可能只有百分之二。

　　只不過是因為，他們較一般人敢穿上時髦的服裝，或者行為
舉止較與眾不同，因而容易引起大家側目，成為眾人議論的話題，
因此看起來，人數似乎較實際為多。

　　依年齡來看，這種人以年輕者居多數，因爲歲月會使人們的性格漸趨保守，特別年紀漸大後，更會對周圍的眼光與意見有所顧忌，考慮的事情也會越來越多，所以越來越不敢採取特殊的行動。

　　另外，身心疲憊而又得成天爲生活奔波的人，多半希望自己精神負擔不要過度，因而對新事物總是謝絕往來。所以，根據喜歡新奇事物的「時間性距離」，我們也可以斷定自己「老化」的程度。

　　另外，那種尖端型人物，生活水準通常較一般人爲高，因爲要獲得最新流行的消息，必須具有相當專門性的能力與知識。

　　比如在服裝方面領先的人，步調必須與時裝設計師或服裝評論家一致，經常訂購國際流行的時裝雜誌，並且還須隨時注意巴黎或美國的時裝趨勢，如果沒有一點閒暇時間，絕對無法辦到。

　　此外，他們的經濟情況也要十分富裕，不然除了生活所需外，實在很難兼顧到流行。流行款式大多屬於奢侈品，價格昂貴且不實用，所以口袋若不豐盈，豈敢隨意出手？一個人如果連保持起碼的生活水準都十分困難，根本不敢奢望自己能走在流行尖端。總之，走在流行尖端的人，他們的生活水準往往較平常人高出許多，所以就一般人來說，這種人的生活不能當做消費者的範本。

　　由於他們的經濟狀況富裕，過分愛好新奇事物，因此往往在大眾尚未走上流行，還在感到新奇的觀望期間，他們已經大行其道，與整個社會產生隔絕與孤立。

笑聲爽朗的人大都孤獨寂寞

爽朗大笑型的人，表面看起來彷彿十分磊落豪
放，是典型領導者的性格，可是實際上，他們大
多是孤獨寂寞的。

　　笑的種類很多，例如當人們想起愉快的事情時，即使獨自一
個人也會偷笑；遇到尷尬的事情時，會自我解嘲的苦笑；看到令
人感動的場面時，會噙著眼淚微笑；聽到滑稽的笑話時，會爆笑
不已。

　　其他，例如冷笑、譏笑……等，也都屬於笑的範圍。另外，
可以使對方也能獲得快樂的笑包括破涕而笑、朗聲大笑……等等。

　　「哈哈哈……」不顧周圍的眼光而放聲大笑，雖然有點囂張，
可是有時卻能夠使彼此的情緒放鬆。

　　依照法國作家波多雷的見解，笑的本身具有惡魔的性質，特
別是勝利者對失敗者的露出的笑容，但是爽朗大笑時，卻不一定
有這種念頭。

　　當然，這觀點並非一定適用所有情況，因為爽朗大笑的人的
心理，有時也有誇示自己，想要壓倒對方的意圖。我們常常看到，
一般中小企業的老闆，每遇舌戰難分難解時，便會「哇哈哈……」
大笑，並且拍拍對方的肩膀說道：「放心，一切只要有我在，保
證馬到成功！」然後一廂情願地結束爭論。

　　這種情形，顯示出他在誇耀自我，同時不讓對方再有任何發

言的機會。

但是，這種誇耀的行為本身並不必然有什麼詭計或陰謀，換句話說，這種誇示行為，並不一定含有任何企圖操縱他人的想法。他們說那些話的用意，或許無意誇耀自己無所不能，只是想要表現自己的能力相當高而已。

爽朗大笑型的人，心思大多非常單純，他們心中若是有什麼陰謀，也瞞不過他人的眼睛，而且很快就會被揭穿。

這類的人對任何事物都不太會多加考慮，有時甚至絲毫不加思索便下決定，他們的思考方式多半採取二選一的辦法，不是A就是B。

另外，爽朗大笑型的人，在性格方面，往往不擅於組織，所以行動時，多半是以獨來獨往的獨行俠姿態出現。

當他們開朗大笑時，心中也希望能引起周圍人的注意，更想借助這種方式來炫耀自己，因此在他們的意識中時時出現「我……」「我……」的想法，凡事總希望領先同伴一步。他們雖然無意把同伴冷落一旁，或者欺壓同伴，但是卻經常會不知不覺地忽略同伴。

在團體生活中，雖然明明知道某些事不被允許，但是，當他們直覺認為「必須這樣做」的話，自己就會像一匹脫韁的野馬，不顧一切往前衝，並且認定唯有這麼做，才能表現出男子氣概。

這種人由於思想言行太過單純，所以朋友們雖然都認為他是個好人，卻無法信任他，因為大家對他的單純感到惶恐，誰都無法肯定下一步，他將會朝哪個方向前進。爽朗大笑型的人，表面看起來彷彿十分磊落豪放，是典型領導者的性格，可是實際上，他們卻沒有真正的心腹，大多是孤獨寂寞的，當他們朗聲大笑時，笑聲中經常透露出空虛之感。

喜歡穿寬鬆西裝，有神經質傾向

過分地加以矯飾，企圖使自己感覺比較高大的
人，大多有神經質、懦弱的傾向。

　　政界人士與企業老闆多半喜歡穿著比自己身材略大，顯得寬
鬆的西裝。

　　「略顯寬鬆的西裝」用詞也許不太恰當，因為他們的西裝
雖然不是非常合身，但也不致於太過寬大，只會讓人在乍看之
下，對他們的外表產生高大雄偉的印象。

　　那麼，這樣的穿著到底呈現出何種意義呢？

　　其實，這就是肢體語言的典型表現之一，也就是儘量使自己
看起來比實際更為高大。有趣的是，這些過分矯飾，企圖使自己
感覺比較高大的人，大多有神經質、懦弱的傾向。

　　有些國會議員所穿著的西裝，幾乎全是暗藍色直條紋的花樣。
若是再將他們發言時，經常帶有攻擊性的作風合併討論的話，就
能發現他們在服裝方面的偏好，可說與前面所述不謀而合。

　　另外，從電視新聞中的特寫鏡頭，我們也不難發現有的公眾
人物時常眨動雙眼，兩眉也常無意識的牽動。這種情形是心理學
上非常有趣的特徵之一，心理學家說，這種現象幾乎都是當事人
在幼年時期，因為有某些與眾不同的舉動，並受到父母的指責後
而養成的習慣動作。

　　例如，糾正左撇子的習慣，就是最常見的案例。雖然表面上或許他們聽從父母們的話，但是內心卻非常想反抗。心理學上，認為前述的穿著、眨眼現象，就是他們無意識地反映出這種反抗的心理。

　　也就是說，他們心中所殘餘的神經質部分，利用肌肉抽搐，或者穿著使自己看起來較為高大的暗藍色直條紋西裝，無意識地顯露或抒發出來。

　　極端的說，這樣的人，多少總帶點神經質。

不要讓小動作洩了你的底

> 由於某種心理因素而產生口腔性格的人，長大成
> 人後，仍然會貪溺於口腔行為的表現。

曾有人請日本心理學家多湖輝列舉令人討厭的男同事特徵，根據他以職業女性爲對象所收集的資料顯示，以下三項高居前三名。

- 咬指甲、咬筆的癖性。
- 香煙濾嘴經常濕漉漉。
- 不斷地咀嚼口香糖。

多湖輝提出的結論是：這些職業婦女們的觀感，可能只是憑著直覺來應答。這是爲什麼呢？

多湖輝指出，這與動物行爲學研究中的「親密性」有密切的關係。

觸摸的心理與生理具有十分密切的關係。

人類是一種對觸感抵抗力非常低的動物，可是事實上，我們的生活卻充滿各種觸摸，比如撫摸小孩的頭、與朋友握手，或者彼此視線的接觸……等，均是屬於觸摸的範圍。

其中，視線的接觸，雖然從表面看起來，不屬於觸摸的一種，不過從「親密性」的觀點來說，濕潤的眼睛眨也不眨的注視、睜大眼睛直視，或者轉開視線等，都還是屬於觸摸的範圍。

　　假設將性交視為「觸摸」的一種，我們可能更能體會它所具有的威力吧！此外，由床舖與我們的關係，或者將小狗抱起來貼在自己胸前，以及把小貓擁在懷中時，也都能夠察覺到觸感所隱含的魅力。

　　許多抽煙的女性，一天經常要抽上好幾支。她們抽煙或許並非真有煙癮，而是為了尋求某種觸感，也就是說，嘴唇之間含著香煙所產生的接觸感，實際上乃是心理上的一種慰藉。

　　那麼，觸摸究竟具備何種心理意義呢？關於這一點，我們可以根據精神分析學的理論來解釋。

　　幾乎所有的精神分析學者都相信，人類的性感帶是依照口唇、肛門、性器，一貫的程序發展下來的，但是有些人會由於某種精神上的因素，而使發展程序停留在某一階段。

　　其中，發展停留於口唇階段者，我們稱之為口腔性格。產生這種現象的原因，是因為幼兒時期對母親完全依賴的心理所造成，而一直保留至成人的情形居大多數。

　　也就是說，由於某種心理因素而產生口腔性格的人，長大成人以後，仍然會貪溺於口腔行為的表現。當然，例外的情形也不少，不過，就整體情況而言，前述職業婦女的直覺的確出乎意外的正確。

對方是不是無可救藥的賭博狂？

如果你是個未婚女性，當你發現男友具有「因輸而引起滿足感」的癖好，千萬別把他列入結婚對象的範圍內。

　　一個人的真正面目，往往會在他做了跟自己所說的完全不一樣事情之後暴露出來。因此，想要知道對方是一個什麼樣的人，想讀透他的心，就必須用眼睛仔細觀察他的一舉一動。

　　尤其是戀愛中的女性，如果太過天真，不仔細摸清出現眼前的對象究竟是什麼貨色，就很容易遭到蒙騙，被對方塑造的假象牽著鼻子走。要是最後才發現對方竟然是個無可救藥的賭徒，只會讓自己悔不當初。

　　人在賽馬、牌局、彩券……等賭博行為中所採取的態度，能夠非常準確地反應出個人的性格。

　　某些人雖然打牌時常輸得精光，然而在獨自回家的途中，所想的卻是：「我還要勤加練習，下回捲土重來！」這種心情比贏的時候更令他感到滿足……。

　　上述這種人，自外表看來就是喜歡賭博，且具有非常明顯的特徵，那就是輸了錢，精神反而更振奮，眼神更銳利，態度更穩重，而贏了也絕不因此而收手不賭。

　　這種類型的賭徒幾乎都是賭博狂，而且最後的結果都是傾家蕩產，假設讓精神醫生來診斷，他們的行為是種病態而無可救藥

的賭博狂行為。

因此，未婚女性發現男友具有這種「因為輸而感到滿足」癖好，千萬別把他列入結婚對象的範圍內，因為這樣的人寧可拋家棄子，也不會放棄賭博。

這種無可救藥的賭徒論，是美國精神分析醫師艾曼德‧巴克勒所提出的有名理論。巴克勒根據病態賭徒在行為與意識上的特性，舉出下面六項特徵：

1. 經常有碰運氣的念頭。

2. 一旦沈迷於賭博，對其他事物都沒有興趣。

3. 大都屬於非常樂觀的人。

4. 贏了也絕不歇手。

5. 開始賭博時，雖然頗具警戒心，但最後還是免不了冒險。

6. 對於苦樂參雜的緊張狀態，以及刺激冒險，感到十分快樂。

具有上述徵兆的人，內心深處經常期盼著「因輸而引起的滿足感」。巴克勒認為這些人雖然並非沒有贏的意志與想法，可是他們在無意識中，卻有著以輸來虐待自己的自虐心理。

事實上，有太多由於賭博而放棄家庭與妻兒的人，將他們的行為與前述巴克勒的理論相互印證後，我們不得不承認這個理論的可靠性。

提供意見要異常小心

有些人會將別人的意見，視為對自己智力的一種嘲笑，一直懷恨在心，憤恨之情難以消除。所以，提供別人意見時要異常小心。

　　某些人很善於穿著，不論是長袍或西裝，或許質料與式樣並不是特別出眾，但是穿在他們身上，卻非常吸引人，給人一種脫俗的感覺。

　　有個朋友就是如此，但有一次在談論穿著問題時，他卻感慨的說道：「唉！別提了！我就是被這一點給害了！」

　　雖然他不是一個喜歡批評別人的人，可是有一天，無意中卻對一個年輕同事說：「你那套西裝雖然很時髦，但是這種穿法，會令人覺得很俗氣。穿西裝的要點在於領帶與皮鞋的搭配，你最好在這方面多下點功夫，選擇比較合適的，你認為呢？」

　　自此，那位年輕人對他的態度變得非常冷淡，本來這位朋友是出於善意的勸告，不料那位年輕人卻一點都不領情。一般而言，來自鄉下的人，對自我都市化的程度極為敏感，也最不願意聽到他人評論這一點，所以這個年輕人對這位朋友直接指正缺點的舉動，感到非常難堪、憤怒。

　　初到城市與久居城市的人相較，不管多麼努力地打扮，二者之間總還是會有一些差別。這意味著，生長背景、生活環境的不同，不僅僅是衣著外表方面的問題，它還關係到個人人格的特質

及深層的心理部分。即使由很小的動作，都可以判斷一個人是否生長於都市。

　　一般而言，這正是「生長背景」的不同，就像其他國家的女性就算住到巴黎很長的時間，也很難輕易地學會巴黎人的打扮與穿著。

　　一個人散發出來的氣質，即使別人想模仿，也無法一模一樣。如果過分勉強去學，必定會產生不相配、不調和，惹來畫虎不成反類犬之譏。

　　鄉下人縱然穿上最漂亮、最時髦的服裝，仍然無法完全脫去憨樸之態，甚至使人感到動作不夠優雅。也就是說，縱然遷居都市，而且實際上已經成為都市人，至少短時間「都市化程度的指數」仍然不會太高。

　　雖然有些人不知道自己都市化程度的指數並不高，還會得意的以為自己是個都市通，不過，大多數初至城市的鄉下人，都會擔心別人把自己看成鄉巴佬。所以，在這種情況下，只要在口頭上讚美他們兩三句，就會使他們感激不盡。

　　相反的，只要不小心稍作評論，便好似將他打入十八層地獄，使他感到挫折不已。甚至有些人會將別人的意見，視為對自己智力的一種嘲笑，這麼一來，很可能釀成悲劇，或者一直懷恨在心，憤恨之情難以消除。

　　所以，提供別人意見時要異常小心。

6.

看清性格上的「假面具」

有些人因為戴上與自己本性完全不同的假面具，

很快就會露出馬腳，而陷入自我矛盾的煩惱中。

MIND-READING

了解對方性格是交友的不二法門

各種場合的交際大都有一定的界限，我們應該對
這一點有所認識，與人交往時方能應對得體。

　　據說，有位名評論家與任何人談話時，都十分坦白誠懇，所
以即便是初次見面的人，也很容易會向他傾訴自己的興趣、愛
好，以及自己過去的種種得意與不如意。

　　他從來不會因為對方年齡比自己小，或者地位比自己低而擺
架子，不論對方的性別、年齡如何，他講話時的態度都是同樣地
專注、熱誠。這是一般所謂的開誠佈公性格，是善於交際的最典
型的例子。

　　這樣的人雖然能夠很快的與別人建立親密良好的關係，但是
與對方即使交往再久，也不會輕易把自己的一切毫無保留地完全
呈現出來。

　　也就是說，他知道與人交往必須要有所保留，在某種程度內，
他會誠懇地把自己表現出來，只是，有關內心深處的看法、想法，
他卻不輕易透露隻字片語。

　　像這種善於交際的人，大都會為自己定出可以公開的內心限
度。因為他瞭解什麼是能夠向大家公開的部分，所以非常善於結
交朋友。

　　相反的，社會上也有許多害羞、莽撞、不善交際的人。他們

在陌生人面前，從不談論自己的事情，至於別人的事情，也很少過問。

所以與人初識時，彼此只能以極為陌生的客氣話寒暄，不易建立親近的友誼，這種人即所謂的不善交際類型。

與這種類型的人來往時，如果因某些因素而使彼此突然親近起來，他反而會積極想要親近對方，會喜歡向對方坦白自己的一切，輕易地向對方吐露自己的心聲。

這時他不僅同對方談天、吃飯，甚至還會做家庭性的親密交往。這種人的外表雖然看起來十分堅硬，可是只要能夠衝破那層保護的外殼，便會發現其實他們的內心非常軟弱，很容易真心地與你坦誠相處。

研究此種性格分類法的美國心理學家雷明認為，人類的交際意識是由數層類似同心圓的結構所形成的。構成內容大致可分為兩類：第一類如葡萄一般，外層柔軟，而中心卻很堅硬；第二類卻如胡桃一般，外殼堅硬，而中心卻極柔軟。

當然也有人的性格是介於二者之間，屬於中間類型。雷明認為美國人的性格多屬葡萄型，而德國人的性格則多屬胡桃型。大致而言，東方人的性格比較接近德國類型，尤其年齡較長，或是出身鄉下的人，這種傾向更為明顯，但是年輕人及都市居民的性格，則比較接近美國類型。

比如在社交場合中，以個人生活為話題時，馬上發言應和者大都屬於葡萄型，你可以與他們輕輕鬆鬆交往，但是如果過分親近，有可能會遭到排斥。

相反的，胡桃型的人雖不易親近，但是只要你願多花工夫與他親近，一旦衝破對方外殼，他馬上就會成為你的親密朋友。另外，有些人在職業性的應酬中，僅以同心圓的表面與人交際，與

公司同仁相處時，會深入同心圓的第二層，至於對男女間交往的朋友，則會進入同心圓的第三層。

各種場合的交際大多有一定的界限，我們應該對這一點有所認識，與人交往時方能應對得體。

分裂氣質型的人沈迷戀愛夢

分裂氣質的類型，就體型方面來看，這種人的特
徵為兩肩下垂、體型瘦削，還有頭髮濃密、皮膚
慘白、面部小而呈蛋形。

　　下面這則故事，是某大學教授述說的真實事件。這位教授的
研究室中，有位 A 先生，最近舉止突然異於往常，旁觀者能夠清
楚看出他的表情深沈憂鬱，一副悶悶不樂的樣子。

　　朋友們都非常關心地問他原因，然而他卻三緘其口，不願把
心中的話和盤托出。但從 A 先生的言詞中推斷，他可能愛上同事
B 小姐。

　　這位教授恰巧有個與 B 小姐談話的機會，於是他便以 A 先生
為話題，把 A 先生工作的情況詳細告訴 B 小姐。此時，平日講話
非常率直的 B 小姐，便把他們兩個人之間的事情毫無保留地告訴
教授。

　　根據她的說詞，B 小姐本人很早就發覺 A 先生對她有特殊的
情感，她也曾經向他表示某種程度的好感，可是 A 先生卻從來沒
有寫過情書，或者向她提出約會的邀請。即使兩人偶而單獨相處
時，A 君就像有滿腹的煩惱一般，憂鬱而愁苦，似乎很想向她傾
訴衷曲，嘴裡卻說不出半句話。所以她根本無法推測他內心真正
的想法，也不知該如何表態。

　　教授認為 B 小姐說的話，的確有她的道理。

　　A先生是位面貌清秀、身材修長的好青年，由平常的舉止言行，教授斷定他是屬於克雷馬性格分類法中的分裂氣質典型人物。

　　據人格心理學家克雷馬所說，身材修長的人在性格方面，多半屬於分裂氣質的類型。就體型方面來看，這種人的特徵為兩肩下垂、體型瘦削，還有頭髮濃密、皮膚慘白、面部小而呈蛋形。

　　就性格方面來看，他們多半不太關心周圍的事情，遇事冷淡，不易與朋友融洽相處。這種人自我意識很強，喜歡躲在自己的角落裡，愛好孤獨，整天沈迷於自己的興趣與夢想中。

　　此外，他們對細瑣事情的反應太過敏感，是屬於害羞而容易臉紅的人，所以經常會拘泥於小節，而不夠豪爽大方。

　　這種類型的人一旦戀愛，不是極端的狂熱，就是極端的冷漠。他們之所以戀愛，並非想和對方結婚，或感受愛慕，而是先在心中創造一個理想的偶像，再把這種理想嵌入現實生活中的對象身上，因此他們所愛的其實是「愛」的本身。這種人一旦失戀將會極度痛苦，終日失魂落魄，甚至以後再也不會輕易掉入愛河。

　　B小姐聽了教授的話，瞭解A先生的性格，因此巧妙地與他配合，二人終於步入結婚禮堂。

　　由上述這件事可以了解，與分裂氣質類型的人交往，最重要就是必須小心留意對方心理上任何細微變化，與他保持一定的距離。

　　言行上不可過分隨便，最好能夠以明朗坦誠的態度與他相處，不要使對方有心理上的壓力，才是正確的相處之道。B小姐便是利用這些原則，終於成功的。

小心應付躁鬱型人物

躁鬱型的人物，內心的感情很容易流露在臉上，
尤其當他暴躁易怒時，顯然內心正處於不平衡狀
態，更必須小心應對。

　　有位著名的電視節目主持人，是個受人歡迎的人，言行舉止
會使周圍的人愉快而有生氣。

　　特別是在宴會上，他經常會說：「啊！這道菜真好吃！啊！
那道菜也不錯，味道鮮美極了！真好吃！真好吃！」如此一面大
吃大喝，一面高談闊論，使人覺得他是真正在享受飲食的樂趣！

　　像這種喜歡吃喝的人，大都具有幽默感，並且擅長講笑話，
是屬於善於交際、性格明朗的類型。在你的四周一定也有這種類
型的人吧！

　　依體型來看，這種類型的人大多較為肥胖，脖子短短的，臉
圓圓的，而且頭髮稀疏、臉色紅潤，到了中年之後多半會禿頂，
這樣的特徵正是人格心理學克雷馬所謂的躁鬱型。

　　大致說來，躁鬱型的特徵與分裂氣質型剛好不同。躁鬱型的
人善長社交，屬於樂天派，具有享受生活的強烈傾向；他們之所
以能夠如此暢快享受吃喝的快樂，就是因為這種性格所致。

　　這種類型的人戀愛時，會盼望與對方深入交往，但是在表示
愛意之前，通常都會先考慮實際條件，例如是否能夠與對方結婚、
終生廝守等。

此外，這類型的人也有喜怒無常的現象，好壞情緒時常交替出現。再依各人表現之不同，可分為明朗的躁型與陰沈的鬱型。

就歷史上的人物而論，法國大革命期間與羅伯斯比同時活躍於政壇，備受法國人民歡迎的米拉伯，以及為蘇聯政治帶來新作風的赫魯雪夫，就是屬於這類型的人物。因為他們善於處理人際關係，思想接近現實主義，一般而言，實業家、政治家之中，這類型的人居多。

此外，在影劇界之中，樂天派的躁型也比較受觀眾喜愛，許多影視紅星都是因此而獲得成功。

因為這型的人很容易與人交友，因此朋友很多，當作遊樂的玩伴或講話的對象時，多半能夠與對方保持良好而愉快的交友關係。

可是，他們的情緒起伏很大，喜怒無常，有時候又太多話，因此無法避免出現態度隨便，甚至偶而會令人感到討厭。

躁鬱型的人舉止有時稍嫌輕浮，反應不夠快速，戀愛時，時常會讓對方覺得沒深度，而且，這類型的人對愛情也不專注，時常為感情問題而困擾。

與這種人為友時，最需要注意的，就是快快樂樂地使自己與對方的步調配合一致。特別是在進餐時，採取這種態度，馬上便會與他成為朋友。

要是你的上司也屬於躁鬱型的人物，你只須適當地奉承他，適切地表現出依靠他的態度，便可獲得他的提拔與青睞。但是，由於他們的心情起伏很大，喜怒無常，所以如果不小心應付，會有弄巧成拙的可能性。

躁鬱型的人物，內心的感情很容易流露在臉上，所以當你看到他與平常不同時，最好還是少講話為妙，尤其當他暴躁易怒時，

顯然內心正處於不平衡狀態，更必須小心應對。

　　此外，這類型的人有時會突然由快樂的情緒轉變為鬱悶不樂，所以也要特別留心。

　　因為他們喜歡社交，所以有不侷限於小事、不拘小節的性格，因此即使受到他人責備，或與他人爭吵，也會很快把這些不愉快的事情拋開，絕不會耿耿於懷。另外，當他們不高興時，只要接近的方法恰當，也能使他轉悲為喜。

　　如果能夠體會這一點，巧妙地運用與他們交往的秘訣，必定能夠獲益良多。

運動選手型的人，拘謹又暴躁？

肌肉癲癇氣質型的人，反應則比較慢，不善體會
別人微妙的心理變化，或者無法迅速分辨同伴之
間的氣氛。

「你希望自己的對象屬於那一類型？」

大部分年輕女性對這個問題的答覆幾乎都選擇運動選手型。大概是因為運動選手給人年輕、豪爽、充滿活力的印象吧！可是，事實卻並不然。

人格心理學家克雷馬將運動選手型的人，列入肌肉癲癇氣質型，一言以蔽之，即性格拘謹型。

這類型的人多半會把自己打扮得整整齊齊，對一切事物的態度都很在意；金錢方面也比較節儉，不奢侈，但是講話囉嗦，思考方法極度公式化，不知權宜變通。

一般說來，分裂氣質類型的人對周圍的事物反應冷淡，躁鬱氣質類型的人，比較能夠適應周圍環境，至於肌肉癲癇氣質型的人，反應則比較慢，不善體會別人微妙的心理變化，或者無法迅速分辨同伴之間的氣氛。

他們對別人輕微的批評或揶揄，大都不會在意，即使感覺到了，也往往會默不作聲。不過若是這種揶揄一直持續下去，超過忍受的限度，他們可能會突然爆發，有時甚至會使用暴力。

由於他們屬於肌肉型，所以充滿精力與行動力，對於一切事

物，不論大小繁簡，都會耐心的去做，絕不會因為一點小挫折而氣餒，具有腳踏實地的性格，因此也有人把這種癲癇氣質性格稱為黏著氣質。

這類型的人從事軍人或警察等職業，成功的機率很大。大概是因為他們比較遵守規矩，瞭解自己的工作性質，而且樂意將精力完全傾注於工作上的緣故！

可是，相反的，他們不適合從事設計師、藝術家、新聞記者、商人……等需要自由思想及權變機智的工作。

也就是說，這種人不適合從事需要創造力的職業，因為他們排斥一切破壞傳統形式或價值而創造出來的新事物。

由於這類型的人比較拘束，言詞笨拙，話題較少，所以與他們做朋友會感到很沒趣。不過，這種人做事認真有節度，絕不會因情急而脫離常軌，因此，以這個角度看，他們是值得信任，而且比較容易相處的人。

上述類型的人，如果是公司主管，會對屬下嚴格要求，他們非常講究禮節、規矩，思考方式一絲不苟，態度拘謹，做事腳踏實地，按部就班，因此頗值得信賴。

這類型的人做情人或丈夫，雖然不夠體貼與瀟灑，可是卻能帶給妻子絕對的安全感，生活穩定，毫無風險。

他們的外表雖然很穩健，但是內心卻隱藏強烈的情緒，有時會忽然將壓抑不滿的情緒爆發出來，因此必須特別小心。

此外，這類型的人最憎惡怠忽職守、做事馬虎、敷衍了事，以及不遵守上下禮節，或態度不佳的人。因此，必須以端正的態度，與這類型的人交往。

有狂妄性格的人容易走火入魔

自我主張型的人容易與人發生糾紛，因為他從不
相信任何人，老是希望把對方打倒；因此與他交
往，經常有人受到陷害。

　　在精神病患當中，喜歡妄想，而且老是拘泥於自己妄想的病
者，一般稱之為妄想症者。日常生活中，有的人雖然不一定患有
精神病，但是他們的這種性格傾向卻相當明顯，因此也可以稱為
妄想型性格。我們由史達林、希特勒等獨裁者的行為中，可以看
出他們也具有這種特點。

　　在日常生活裡，我們不容易接觸到性格太過極端的人，可是
在某種程度內，具有類似傾向的人卻不少。

　　例如，談天之時，一抓住機會就說「我是……」的這種人，
便屬於自我主張的類型。這類型的人看見別人穿著比較流行的服
裝時會說：「我對這種服裝不感興趣！」看到朋友失敗時，也會
說：「我早就預料到啦！」

　　此外，發生事情之時，他所持的態度往往是：「因為沒有我
幫忙，所以這個問題才無法解決！」

　　自我主張型的人自信心與自尊心都十分強烈，他們所表現出
來的態度並不是故作姿態，反而是將心中真實的想法，直接表現
於舉止言行中。

　　這種人從不理會別人善意的勸告，反倒會把他人的勸告歪曲

地加以解釋，藉此加強自己的信心。如果別人責備他，他就會不顧一切地加以反擊，遇到這種人實在很難相處或溝通。

同時，這類型的人很容易對某件事情走火入魔，常常固執己見，擁有特殊的人生觀，此外他們講話的態度亦十分獨斷。

例如，他會用「這個人不行，他是個小器鬼！」等斷言批評他人。另外，這種人的另一個特徵是迷信於宗教，固執遵守古老的忌諱，並時常強迫他人接受自己的主張。

在事業方面，他們為獲取成功及飛黃騰達的日子，往往會毫不考慮的攻擊或利用他人。在人際關係上，自我主張型的人容易與周圍的人發生糾紛，因為他們從不相信任何人，老是希望把對方打倒，因此與他們交往的人之中，經常有人受到他的陷害。總之，這種類型的人是令人厭煩的鄰居，也是難以相處的朋友。

但是，由另一方面看來，由於這種人自尊心很強，因此只要多多巴結他，博得他的歡心，想要獲得他的援手並不太難。有時，甚至還會與自己的「對手」連合起來，打倒共同的敵人。

所以，就這一點而言，與其得罪他不如與之和平相處，因為將他變成敵人，會非常難應付；若將他變成朋友，便可安心地依賴他，並且可以由他那裡獲得一臂之力。

尤其遇到這樣的上司時，如果能夠技巧地進入他的保護之下，那麼便能輕而易舉地控制他。

外向型人物樂觀善變

對於別人委託的事情,他們不會回絕,但卻不一定能夠完全負起責任,有時甚至會將承諾對方的事情,忘得一乾二淨。

　　有些朋友在咖啡店裡喝咖啡時,往往會說:「這種咖啡真難喝!」看到長得漂亮的服務小姐,就會說:「妳真漂亮!」結帳之時,要是收費太貴的話,就會說:「真會坑人!」

　　不管在什麼情況下,不管碰到什麼事情之時,只要心裡想到什麼,就會馬上脫口而出。可是,這樣的人,與其說他喋喋不休,還不如說他很坦白,雖然他會口出惡言,但是說過就算,絕不會懷有惡意。

　　也許,有時他會怒髮衝冠,大發雷霆,不過很快就會雨過天青,忘得一乾二淨。其實,這種人反而容易相處,因此他們大都有許多朋友。這種人對外界的刺激十分敏感,而且反應的速度極快,是會立刻反映內心感情的類型。

　　精神分析學者榮格認為,人類的心靈有種精神能源,把這些能源向外發揮者稱為外向型,向內發揮者稱為內向型。假使依照榮格的說法,前面所述的那種人即是屬於外向型。

　　所謂外向型,就是善於交際的人。這種人喜歡熱鬧,要是周圍沒有很多人環繞喧嘩,就會感到十分寂寞。

　　不管遇到什麼人,他都喜歡上前搭訕,藉著說些恭維的話,

而與對方扯個不停，談話的內容不外乎是別人的八卦或批評。總之，話題大都侷限在有關他人的事情上。非但如此，這種人即使對陌生人也是這樣，在大庭廣眾之前毫不怯場，有些人甚至特別喜歡在眾人面前高談闊論。

因為他們喜歡交際，所以喜歡幫助別人，富有人情味。聽到他人的處境不順時，甚至還會難過得流淚，但是由於過度熱忱，有時反而會幫倒忙。

由於他們太受感情的支配，所以有些時候不足以信賴。對於別人委託的事情，他們雖然不會回絕，但卻不一定能夠完全負起責任，有時甚至會將承諾對方的事情，忘得一乾二淨。

此外，他們對環境的適應力很強，不管在什麼環境都能結交到好朋友；遇到任何困難的問題也都能以樂觀的態度，加以解決。

所以在工作方面，以從事需要良好人際關係的服務業最為合適，推銷員、商人、實業家、政治家中，這種類型的人成功的例子不少。

與外向型的朋友外出郊遊，會感到非常愉快，合力工作時，也具有調劑的作用；遇到困難時，這種朋友會誠心誠意地幫忙我們。

但是，外向型的人也有缺點，他們講話大都不負責任，善變而不可靠；做事時無法全心全力，容易對工作厭煩。這種性格極端發展的時候，甚至會變成食言而肥的人，所以千萬不要過度相信這種人的承諾。

內向型人物有強烈防衛意識

內向型的人外表看來似乎非常懦弱，可是在某些
方面卻出人意料的堅持，甚至可以說相當頑固。

很多時候，造成我們在交際場合判斷錯誤或遭遇挫敗的，並不是別人的刻意偽裝，而是我們自己不具備基本的識人概念，才讀不透對方的心。

有種女性，當男士以輕鬆自然的態度與她談天時，會緊張而不自然；當男士向她表示好感時，她會臉紅心跳，低頭不語；當男士表白心中愛意時，她更會手足無措，不知如何是好。

遇到這樣的女性，我們時常會說：「她太內向了！」這就是精神能源向內發展的類型，與外向型的人正巧相反。

所謂內向型就是表示一個人特別會保護自己、關心自己，儘量避免使自己受到外界的刺激。所以，內向型的人經常會為雞毛蒜皮的小事而憂心忡忡，卻無法清楚表白自己的立場，甚至在必須做判斷時，往往徬徨猶豫，躊躇不前。結果，當然會變得不善交際。

所以，他們時常會關在屬於自己的象牙塔裡，而不願意與別人來往。情形嚴重的話，甚至會造成遠離人群、固步自封的後果。

但這並不是在強調內向型的人難以相處，他們雖然無法輕易與人結交，毫無拘束地與人融洽相處，可是如果與他們長久交往，

便能夠深切體會他們的優點。

例如，這種人心地善良、溫柔體貼、誠實可靠、講話能夠替對方著想等。另外，還非常尊重朋友，因此與這種人交往，較能維持長久的友誼。

內向型的人外表看來似乎非常懦弱，可是在某些方面卻出人意料的堅持，甚至可以說相當頑固。這是由於保衛自己的心理比較強烈的緣故，因此即使別人邀約，他也不會隨便答應。

換言之，這種人經常喜歡與人唱反調，尤其是對新的事物，或是計劃的改變，拒絕的反應往往非常強烈。

如果不知情，隨便勸他與你同做某件事，很可能會遭到他的立刻回絕，而感到難堪與尷尬。

通常這類型的人大都具有社交性，能夠與大家融洽相處，可是一旦超過某種限度時，就不會與人做更深入的來往，此種性格與前述之分裂氣質性格極為相似。

在工作方面，這種人比較適合從事人際關係單純，只需要一個人專心努力的工作，尤其適合於深思的工作，所以技術員、辦事員、法官、研究者、圖書管理員以及手藝專家中，這種類型的人佔大部分。

與內向型的人來往時，最忌諱肆意侵犯他的領域，要是隨便侵入，很可能引起對方的拒絕反應，而使他們加強防範，提高警覺。

這種人在交友方面屬於被動型，若是期待他主動伸出雙手與你接近，那麼你們之間的友誼，永遠都不會有開始。

這種態度，內向型的女性表現得特別強烈。

所以，接近他們最好的辦法就是採取逐漸親近的方式，慢慢解除對方心中的戒備，一步步與其建立良好關係。一旦開始交往

後，因為他們的朋友不多，因此用情特別深厚，如果能建立親密
關係，彼此間的感情必然能夠維持長久。對方若為異性，當然就
更適用了。

　　但是，這種人時常為一些芝麻小事耿耿於懷，缺乏判斷力，
立場態度經常曖昧不明。遇到這種情形時，如果能變成他的好顧
問，適時給予一些忠告，加強他的信心，那麼你們之間的友情便
能夠發展得更加穩固。

　　另外，我們經常會發現，某些男性在酒醉之後，性格時常乖
變成另一種人格類型，不是糾纏他人不放，便是故意向人挑釁；
這種人也都屬於平常過分壓抑自己的內向型人物。

看清性格上的「假面具」

有些人因為戴上與自己本性完全不同的假面具，
很快就會露出馬腳，而陷入自我矛盾的煩惱中。

在工作場合中，我們經常可以見到戴著假面具的陰險小人。

這種人往往有著陰險和畸形的智慧，一有機會就想盡辦法要掌權弄勢，陷害對自己不利的人，不可不小心提防。

我們也許曾遇過態度非常豪爽的上司，當下屬拿企劃、成品或文件請他裁奪時，他總是說：「嗯！很好！很好！」

與他商量工作發生的難題時，他也會慷慨地一口承擔下來，說道：「好的！讓我來！」用這些方式表示豪爽。

可是，如果仔細加以觀察，可能會發覺，他在某些方面竟然出乎意料地刻薄，例如他對上司唯唯諾諾，而對下屬些許的失敗卻嘮嘮叨叨。

平常行動粗魯、做事莽撞的女孩子，一旦陷入戀愛後，會突然變得十分溫柔，甚至連講話都輕聲細語，突然令人覺得過分多禮；平常「哈哈哈」的爽朗大笑已消逝得無影無蹤，取而代之的是掩嘴微笑……。

上面所述的現象，我們稱之為故作安詳狀。心理學家榮格則將之稱做persona（原意為假面具），這是探討人類個性時，不可忽視的一項特徵。

我們將它形容為故作安詳狀，似乎有點過分，其實，這是人的本能之一。每個人進入新環境或擔任與過去完全不同的角色時，為適應新的處境或立場都會引發這種自然反應。

在今日社會中，高居要職的社會名流多半屬於上述類型，例如松下電器公司的老闆松下幸之助之類的人物，本來是屬於內向型，不過他們在實業界、政治界中的表現，也都融入了外向型的特徵。

人的性格有顯性的一面，也有隱性的一面，並不是天生就已經定型，後天還會繼續發展，特別是智能隨著年齡逐漸提升，人類便會自然產生控制自己的念頭，而致力於改變自己的性格。

例如，在家裡任性頑皮的小孩，上學之後，在學校卻會乖乖聽從老師的教導；女孩子在戀愛時，為了被愛，會表現得更溫柔；職員升任主管後，為使部下對自己畏服，於是凡事以老大自居。

像這種性格改變純粹是一種假面具的反應，假面具一旦戴上後，久而久之就會與真面目混淆不清，難辨真假。

其實，在人類的性格表面，已經戴上好幾層假面具。不過，有些人因為硬要戴上與自己本性完全不同的假面具，因而很快就會露出馬腳，最後陷入自我矛盾的煩惱中。

歇斯底里性格虛榮感強烈

歇斯底里，本來意指過分壓抑自己而轉變為哀
叫、哭鬧的失神行為。這種性格特徵最明顯的，
就是自我誇耀慾十分強烈。

　　肢體語言學家認為，人們內心深處所盼望的事，不管如何隱
藏，一定會不經意地透過肢體動作表現出來。如果我們平時詳加
觀察週遭人物的肢體動作，久而久之就能揣測他們的心理變化。

　　想要讀透一個人的心，不能只用耳朵去聽他說什麼，更必須
用眼睛仔細觀察他的言行舉止透露出什麼微妙的訊息。因為，一
個人的真正面目，往往會在「口是心非」的不協調舉動中暴露出
來。

　　想要知道對方是什麼樣的人，想把人看到骨子裡，就必須具
備「讀心」的智慧。

　　有個喜歡擺闊的女生進入某大學就讀時，不同於一般大學生
多半穿著牛仔裝，總是打扮得像是準備參加宴會似的，花枝招展。

　　當她走進教室時，若是有人讚美說：「妳這套洋裝真漂亮！」
她就會露出「你們有眼光」的態度回答說：「當然，這是法國製
的舶來品！」暗示那件東西的昂貴價值。

　　她經常裝模做樣地抽著香煙，一邊說：「暑假我要到愛琴海
旅行！」或是自言自語：「價錢昂貴的音響設備還是有存在的價
值！」似乎有意講給周圍的人聽。

　　她所談論的話題，幾乎隨時都在炫耀自己；除了財富外，凡是看了影評很好的電影、讀過的暢銷小說，或者獲得新流行的訊息時，她都會大吹大擂，用這些來炫耀自己的知識與經驗。

　　像這種類型的人，心理學家將他們的性格反應稱之為歇斯底里性格，其中以女性尤為常見。

　　歇斯底里性格的女性，大多是由於小時候受到雙親溺愛，性格倔強，所以長大以後，無法脫離自我中心的習性。因此遇到困難或不愉快的事情時，便會退化至幼年時期，而引發歇斯底里的習性。

　　所謂歇斯底里，本來意指過分壓抑自己而轉變為哀叫、哭鬧的失神行為。這種性格特徵最明顯的，就是自我誇耀慾十分強烈。

　　比如喜歡穿著華麗的服裝，虛榮心強，希望引起人家的注目，喜歡吹牛，撒謊時面不改色，講話時表情十足，像在演戲……等等。

　　由此看來，女演員中彷彿很多這一類型的人，不過就某種意義而言，我們也可以說，這種性格與她們的職業配合得極為巧妙。

　　另外，這種性格還有另一項特徵，亦即心理不脫孩子氣，例如任性、自我中心，遇到不如意的事情，就會像小孩般，脹著臉，哭哭鬧鬧的。

　　聽到不中聽的話，或被迫講不願意講的話，心情就會非常惡劣，甚至非常生氣。這種現象要是過分嚴重，有可能變成精神官能症，不過患者自己通常不會承認。

　　他們還有類似小孩子不認輸的心理，因為不願意輸給別人，因此具有這種性格的女性經常會向別人誇耀家產。

　　具有這種性格的男性總是希望比同伴先一步領到駕駛執照，或者希望到海外旅行，藉以炫耀自己的優越感。

　　此外，他們經常將周圍的人物假想成競爭對手，而無法與人坦誠交往。雖然這些人在心裡並未懷有任何太大的企圖，可是他們卻會爲了競爭比賽而與朋友反目，或者背地裡批評他人，說別人的壞話。

　　這是一種適應力薄弱的表現，表示他們在性格上已經出了問題。

　　就某種意義來說，這種人看起來似乎具有很強的適應力，可是實際上卻不是這麼一回事。相反的，善於巧妙僞裝自己的人，隨著身心的成長，性格會逐漸成熟，這種人才能算是具有適應力。

　　外向與內向的問題理應與假面具的問題合併討論。

　　比如性格內向、不善交際的人，經過長時間的努力，也能夠表現外向的一面。性格外向、行動輕率的人，出現內向型深思遠慮的特徵也屢見不鮮。而這些人才是最具適應力的人，值得我們給予較高的評價。

神經質的人喜歡虛張聲勢

強迫精神性格的人對任何事情都缺乏自信，過分
掛心於事情的枝節末葉，接觸到任何新事物時，
會感到手足無措。

有些人經常東張西望、慌慌張張，與人講話時，也含含糊糊，不肯明白表示自己的立場。由工作態度來看，他似乎對自己毫無自信，無法乾淨俐落地處理事情。

這種現象我們稱之為「強迫精神性格」。這些人心中，由於被某種感情或思所糾纏，自己明明知道緒某種表現不合理，卻無法擺脫，因此難以隨自己的意思做事。

這種人要是情況嚴重，就是所謂的罹患精神病。不過，很多人都有輕微類似這種傾向的性格特徵，因此這也算是不足為奇的事。

具有此種性格特徵的人，一般稱之為神經質，他們喜歡大驚小怪、杞人憂天，任何雞毛蒜皮的小事都掛在心上。

當他們身體稍有不適，便會懷疑是否生病了，工作遇到小挫折，就以為是天大的事情，對於輕微的失敗，會一直牢記在心。

患有食慾不振、失眠、便秘，或抽搐（*例如經常激烈眨眼或面部不正常牽動的現象*）等症狀的人之中，大部分屬於這種類型的性格。

他們的人際關係不好是預料中的事，因為這種人在與人相處

時，經常害怕受到指責，所以應對時往往考慮過多，動輒臉紅、舉止笨拙，容易產生自卑久而久之，他們會本能地對朋友卻步，儘量避免與朋友見面。

強迫精神性格的人對任何事情都缺乏自信，過分掛心於事情的枝節末葉，觸到任何新事物時，會感到手足無措，尤其無法立刻做出明確的判斷，經常處於被動的狀態。因此，他們對別人的意見百依百順，無法開口拒絕，有時雖然本身並不樂意，也會勉強同意。

這種人不管做任何事情，內心都無法產生圓滿達成的滿足感，當然也沒有成就感。他們腦海中經常被某些強迫性的觀念糾纏不已，例如把信投入郵筒之後，就會擔心信封上沒有貼郵票，或者害怕弄錯地址了；一天到晚不停地洗手，就寢之前如果沒有唸唸經或禱告一番，讓心靈有所依靠，就難以入眠。

桌上的每樣物品，一定得安置在固定位置，否則便不能安心。這些習慣，都是由強迫觀念所造成的。

這種類型的人為隱藏自己的神經質，在外面偶而會虛張聲勢，但多半躊躇懦弱，在家中卻又像暴君一樣蠻橫，表現自己的威風。

在他們的心中，其實並未懷有惡意，所以與這種人做朋友，不會受到陷害。可是，與他們相處卻也非常難過，所以在人際關係的經營上，最好不要與這種人深入交往。要是彼此在同地方工作，或者是商業往來的客戶，非接觸不可的話，最好儘量與之保持距離，避免私人上的交往比較好。

與這種人做朋友時，必須先設定交往的態度，若能夠禮貌地與之應對，便可使他產生信賴感，有助彼此安心地來往。

只顧小事的人容易發生爭執

僅注意到細微末節的人，

像兒童般的幼稚，

凡事均以自我為中心，

而且是屬於尚未穩定的自我。

掌握性格三元素，打開人際第一步

衡量一個人的性格時，可以將理智、感情、意志，用三角形的三點代表，再依個人傾向的不同，做綜合性的判斷。

一天上午，忽然發生強烈地震，辦公大樓的人們馬上騷動起來。這個時候，A先生首先考慮到地震的強度，以及應該採取的措施，然後才從容的行動；B先生則立刻不顧一切地向外衝。

至於C先生，他認為為了地震這種小事匆匆忙忙的，實在太難看，因此他按捺著緊張的心情坐著不動。

這三種人的反應完全不同，也具有完全不同的性格。

德國心理學家梵特，將人類心理方面的作用分為感情、理智、意志三方面，每個人的性格都是依照這三方面發展的強弱狀況來決定的。

若是依照他的分類解釋前述三種情形，那麼A先生屬於理智型，B先生屬於感情型，C先生則屬於意志型。

不過，通常人類的性格是由前述三種作用錯縱複雜混合在一起，而以綜合性的姿態出現，因此不能依這三者單純地分類，必須由相對性的觀點加以判斷才行。

衡量一個人的性格時，可以將理智、感情、意志，用三角形的三點代表，再依個人傾向的不同，注意強弱的部分，做綜合性的判斷。如此，這個人的性格便會清晰地浮現在我們的眼前。

　一般來說，較傾向於理智型的人，遇事大多會站在客觀的立場思考，理智地加以判斷之後，再採取適當的行動。

　可是，從另一方面來看，這種人卻缺乏應有的感情。

　他們雖然非常聰明，能力極高，但是通常沒有溫暖的人情味，所有的舉動都是站在功利主義的立場，凡事講求利益。

　對於友情，他們也非常冷漠，是經常利用朋友的冷酷型人物，這種行為不禁令人聯想到汲汲鑽營、長袖善舞的政客。

　此外，有種人雖然屬於理智型，可是意志卻很薄弱。

　這種人在做事前多半能夠用心思考，潛力也很強，可是缺乏應有的判斷力與實踐力，因此他們常常無法充分發揮潛能，很容易流於優柔寡斷，遇到挫折時，也很快就會灰心。

　其次，偏向感情型的人，感情十分豐富，具有細膩的感覺與強烈的同情心，是屬於交友廣闊的類型。

　但是，這種類型的人如果缺乏理智，很容易受到感情的驅策，無法正確判斷面臨的危機。

　他們的性格善變，經常會為一點小事而極度興奮或極度悲傷，可以說是屬於不正常的性格。

　屬於感情型而意志不堅的人，情緒大多不穩定，遇事只會附和別人而缺乏主見。另外，這種人很容易將心中的喜怒流露於臉上，一會兒微笑，一會兒生氣，令人覺得他的情緒難以捉摸。

　傾向於意志型的人極有耐性，具有不屈不撓的個性，富於實踐力，不論在生活或道德方面，絕對不會逾越規矩，是屬於腳踏實地的類型。

　可是，這種人如果理智脆弱的話，則可能會做出獨斷或自私自利的行為。因此雖然極具耐性，但是做事卻不太有效率，甚至還可能為別人帶來困擾，可以說是一種獨善型的人。

　　此外，屬於意志型而缺乏感情的人，性格大多呆板而毫無變通權宜的餘地；跟這種人交往會令人感到彆扭而不能接近，因為他們多半心地狹窄，並且喜歡強迫別人接受他們的主意，是屬於頑固型的人。

崇拜權威的上司最會虐待部屬

想要與權威主義性格的人來往，首先必須掌握他
們的特性，了解對方的想法之後便可以採取陽奉
陰違的原則。

在心理學的實驗中，有一種顏色板的測驗；這實驗藉助一疊由
黑色逐漸變成灰色、白色的顏色板，先將它們顯示在測試者面前，
再讓他們逐一說出色板的顏色。

在這項測驗中，某些接受測試的人雖然明明看到色板的顏色
逐漸由黑轉變成灰色，卻仍然果斷的說：「是黑色！」直至翻到
非常接近白色的色板時，他們又會武斷地說：「是白色！」

由這種反應，我們可以藉著被實驗者對顏色區別的失真，明
顯地判斷出他不願意承認在黑色與白色之間，還存有灰色的曖昧
中間色。也就是說，具有這種反應的被實驗者，是屬於獨斷性格
的類型。

社會學學家弗洛姆將這種性格稱之為權威主義性格，並認為
中產階級中大都屬於這種性格。二次大戰期間，希特勒所倡導的
國家主義，所以能夠盛行，便是以中產階級的權威主義心理為基
礎。

一般來說，現今中產階級的這種傾向也十分強烈。

我們迷路時，常免不了會相當迷惑徬徨，而苦惱著：「到底
應該往哪裡走呢？」在這種狀況下，有些人會用很有把握的口氣

說：「走這邊，一定錯不了！」

這種事在人與人交談時，也時常會出現，同類型的人常以一貫獨斷的口吻說話。例如，有人在事業上失敗，他就會說：「這個人不行！」用一句話就為這個人下評語。要是發生糾紛，這種人可能根本就不問青紅皂白，武斷地指著某一方說：「一定是他不對！」

這種人性格雖然十分獨斷，可是卻又往往久缺判斷的能力，常被似是而非的觀念左右，比如，他會說：「那個人是一流大學畢業的，一定很了不起！」或是說：「這隻錶是外國貨，所以性能很好！」或者：「時下一般年輕人，在人格修養方面實在太差了！」等等。

由於這些或先入為主的陳舊觀念的影響，使他們對於任何事情，常未經思考即做貿然的判斷，輕率下結論。

所謂權威主義性格的特徵，就是凡事都從上下的權力關係和立場著眼。當事人會尊敬有力量、有權威的人物，並努力博取權威者的好感，事事依順服從他。相反的，對屬下、晚輩或較自己力量薄弱的人，就常加以藐視，甚至還會欺侮他們。

進一步說，具有這種性格的人，面對權威者時會有種被虐待的衝動，而面對那些居於自己下風的人，卻有種想去虐待對方的慾望。

因此，這種人會將上司的命令奉為聖旨，而絕對服從，有時為了服從命令，甚至願意犧牲自己。

此外，還會喜歡以權威的言論來表達自己的行為或想法，例如他會驕傲地說：「這是董事長的命令，所以……」或者：「這是一流的商品，所以……」或者：「某某有名的學者如此說，所以……」。

　　除了上述特徵之外，權威主義性格的人對自己的國家、公司、團體，十分的忠誠。大多數愛國者或愛護公司的人，都屬於這種類型。

　　他們認為守規矩與遵守秩序，是最高的道德表現，討厭不切實際、過分自由的東西。所以，軍人或警察中，這種類型的人極多，理由就在此。相反的，對上司、權威、國家或法律強烈反抗的人，就某種意義而言，也是一種權威主義的表現，在工會領導人、革命者、學生團體幹部中，也有許多這種類型的人。

　　想要與權威主義性格的人來往，首先必須掌握他們的特性，了解對方的想法之後便可以採取陽奉陰違的原則。如果想要說服這種人，最有效的辦法就是巧妙地使用權威，或者使彼此間的談話，由具體的開始，逐漸深入討論引導，進而瓦解對方的原則，這種漸進方式比較有效。

只顧小事的人容易發生爭執

　　僅注意到細微末節的人，像兒童般的幼稚，凡事
均以自我為中心，而且是屬於尚未穩定的自我。

　　單憑身分、地位或外貌就輕信別人是人性的重大弱點之一，如果不設法加以改正，往往會蒙受損失。與人交談或交涉之時，必須從對方的說話韻律研判他的性格特徵，採用最恰當的應對方式，才能事半功倍。

　　心理學上，有種人格診斷法，可診斷是否有只注意細節的性格。

　　請被測驗者看一個滲透在布上的墨水斑跡，然後問他這個斑痕像什麼，依照他的答案，就可以判斷出他的性格。

　　平常人看過墨水斑痕後，大多是掌握全盤的形狀，回答道：「看起來很像一隻蝴蝶！」或者說：「是一個正在跳舞的洋娃娃！」

　　但是，有些人卻會將注意力集中於某些細微末節的地方，而答道：「這裡好像是洋娃娃的手！」「這裡好像是蝴蝶的腳！」

　　像這種僅注意到細微末節的人，從他們的性格來看，並不算是個成熟的人。這種人想法像兒童般的幼稚，凡事均以自我為中心，而且是屬於尚未穩定的自我。

　　當公司召開銷售政策的會議，希望與會者發表意見，以訂定

新的銷售方針時，總會有人提出一些與會議無關的小問題。

比如：「價格可以降到什麼程度呢？」「如果經銷商有意見，我們應該如何應對呢？」或是「推銷時，我與誰同組？」等等。

其實，這些細節問題只需要自己稍加判斷，便可輕易得到答案，根本不必在會議中提出討論。

這種人在日常生活中，必然也是這個樣子，桌上稍微髒亂一點，就會大加挑剔，表示桌子太亂，使他無心工作；別人說話時，無意中犯的語病，會成為他攻擊的重點；買東西時，甚至會為幾塊錢，與店員斤斤計較。

造成上述性格的因素，可能是因為成長過程中受到太多的保護，一直很任性，所以長大成人後，也不能建立獨立的性格。

這種人在思考上，常以自我為本位，不但經常忽略他人的存在，更無法顧慮到人際關係，時常會為雞毛蒜皮的小事，與他人發生爭執。

如果有人對他採取包容、接納的態度，他就會完全依賴這個人，繼續在這個人的懷抱中我行我素，任性胡為。

一般來說，只重小節不顧大體的人，與人交往時，很少考慮到上司屬下、年齡、男女之間的關係，而且想法多半不切實際。

因此，有時會為了與朋友競爭，而不擇手段，或是與已婚的男女談戀愛，甚至經常會因為發生口角糾紛，就衝動地辭職離開公司。

另外，這種人大多不善觀察周圍狀況，做出理性判斷，例如看到自己喜歡的東西，往往不顧一切統統買下，等到錢花完了之後，才開始為缺乏生活費而擔心。

如果他們一旦沈迷於賭博，就會脫離正常軌道，使生活陷入絕境。

　　此外，這種人的器量十分狹窄，缺乏自主性，內心經常充滿不安，很容易為小事耿耿於懷，經常對自己做過的事情感到懊悔。這種人的性格連自己都極為煩惱，更何況是別人。

　　總之，這是一種問題相當複雜的類型，任何人只要與他有點關係，都會惹上麻煩，而疲於應付。

　　對付這種人只有兩種辦法：第一、是以包容心接納對方，使對方感到你具有父親般的權威；第二、是以強力壓迫對方，不准對方有任性的行為，以表示權威。

　　當然，最好的方法，還是將上述兩種辦法巧妙地配合使用，如此一來，對方自然能夠對你心悅誠服。

　　即使對方是你的上司，只要他是屬於這種類型，也可以採用高壓手段壓制對方，或許會有意想不到的效果。

心智不成熟的人無法長久交往

長久與心智不成熟的人相處，會令人產生厭倦的
感覺，共同工作，也不能使人安心。交往愈長
久，愈覺得是個累贅。

　　人是最擅長隱藏自己心思的動物，尤其是為了博得異性歡心，
外在的偽裝會更加縝密、複雜。

　　因此，渴望愛情的男女必須睜大眼睛，細心觀察交往對象的
言行舉止，才不會因為輕信而後悔不已。

　　有些男生在年齡較長的女性面前極為受寵。由於這些男性少
爺味道十足，有些方面還特別嬌弱，使人覺得如果不照顧他，他
將無法生存。

　　與這種情形相當類似的是，有些年輕女生很喜歡接近成熟的
中年男子。由於她們的想法與舉止也都十分孩子氣，尤其會令中
年男性覺得不去照顧或幫助她，實在太殘忍了。

　　所以，他們往往會挺身而出，表演英雄救美，也因此使得這
類大學女生在感激之餘，更凡事依賴他，向他撒嬌。

　　當那些有妻子兒女的男性，與那些年輕女生在不知不覺中，
跌入感情漩渦時，常常因而引起家庭風波。

　　上面所述的兩種被照顧的人與朋友去咖啡店時，經常會聽從
對方的安排，自己毫無主見，別人點什麼，他們就吃什麼。

　　他們雖然不會主動提出約會要求，可是如果別人邀約，卻會

很高興地同意；與人談天時，很快就會將自己的煩惱或寂寞心情全盤托出。這種性格的特徵是被動、依存性強、無法忍受被孤立。

著名的精神分析學者弗洛伊德認為，人類具有性慾主導的本我，這是一切精神活動的來源。

性的慾求是與生俱來的本能，從嬰兒時期就已經存在，這種慾求的發展過程可分為四個階段：第一階段是由口腔即可獲得滿足的口腔期，第二是由肛門獲得滿足的肛門期，第三是意識到男根的男根期，第四、最後即達到性器的性器期。

可是有些人由於種種原因，在生長過程中無法正常發展，而使本我停滯於口腔階段，這種人通常稱為口腔期性格，上面所提到的那種凡事依賴他人，在別人的包容之下，胡作非為的任性性格即是。

口腔、性慾與性格之間具有不可分的連帶關係，舉例來說，一個人失戀後，馬上會產生觸摸口唇的動作；又如青春期的青少年春心初動，多半有想抽煙的念頭。

另外，大家都知道，經常吸吮母親乳房的嬰兒，將來極可能變成具有強烈依賴而任性的孩子，相反的，如果嬰兒時期未讓孩子滿足地吸吮乳房，那麼他在成長期間必然會產生情緒不穩定、好哭的現象。

就普遍現象而言，口腔性格的人，的確較能夠獲得年紀較長者的寵愛，也能夠吸引異性的注意與關心。

除此之外，這種人因為性格明朗而坦白，與人相處愉快，對他人的心情很容易產生共鳴與感動，因此極受周圍人的喜愛，朋友也很多。

但是，這種人長大成人以後，經常無法養成自主性與積極性，容易受人煽動，並且習慣依附別人，這一類型的人在性格方面往

往有許多缺陷。

　　長久與這種人相處，會令人產生壓倦的感覺，共同工作，也不能使人安心。不但如此，交往愈長久，愈覺得是個累贅，因此終究會令人不願與他們繼續交往。

　　如果與這一類型的異性往來，站在情人的立場，男性可滿足保護慾，女性可滿足母性本能，所以短時間可能會認為很值得去愛。

　　可是，與這種人結婚，共同生活後，對方依舊凡事依賴，甚至會因為覺得孤獨寂寞而整天糾纏不清，這種互動將成為彼此的負擔。因此在結婚之前，一定要徹底考慮這一點，否則婚姻必致失敗。

男子氣概過度就成獨裁性格

男性意識過於強烈時，男子氣概被誇張，便會產生支配、暴戾、爭鬥性的獨裁性格。

　　我們遭遇的人，可能比我們想像中陽光，也可能比想像中陰暗，因此，交往之前必須先摸清對方的人格特質與心理狀態。遇見傾心的對象，想要談戀愛的人，更必須先具倍這種讀人的觀察能力，才不致遇人不淑。

　　兇暴蠻橫的丈夫，仍然存在於某些家庭中。這種男性會不斷苛責妻子，對太太說話，幾乎都是用命令的態度，例如：「把那個拿過來！」或者：「叫妳這樣做，妳是怎麼回事！」

　　此外，他們的薪水袋從不交出來，完全隨自己高興任意使用，而且常常會三更半夜才滿身酒味地回家，看到太太稍有不快的臉色，就大吼道：「妳別繃著臉！」稍不如意就亂摔東西，或暴力相向。

　　不過，千萬別以為這種人絕對是那種好吃懶做，只會在太太面前耀武揚威的人。他們在工作上，大多非常賣力、十分積極，所以家庭經濟毫無匱乏，這也使他們產生「我是養你們的人」的心理，妻子如果未能如佣人或奴隸般恭敬地服侍他，他就會感到不舒服。

　　這種人的行為多半是從父親對待母親的態度學習而來。若是

男性在訂婚期間對未婚妻說：「我父親是家裡的獨裁者！」那麼，這類型男性結婚後，極可能也會成為與他父親同類型的丈夫。

這種類型的人又稱為男根性格。

一般來說，人類開始意識到性別的不同，大約是在學童時期。在這個時期，兒童開始意識到雙親的性別不同，所以男孩子逐漸對母親產生性愛、憎恨父親，這就是所謂的戀母情結（伊底帕斯情結）。

這種情結是由於內心對性的好奇，以及害怕受到處罰的恐懼心情，互相混合而造成。特別是害怕受到閹割處罰，內心產生不安是為了固定本我，而形成陽具性格。

在男根期中，男性因為存有被閹割的恐懼，又發現自己與父親有異，於是開始學習父親的男子氣概。這種意識過於強烈時，男子氣概被誇張，便會產生支配、暴戾、爭鬥性的獨裁性格。

而女性方面，則因戀愛父親憎恨母親，而形成戀父情結，於是開始向母親學習女性應有的氣質，希望具備順從、嫻淑、貞潔的性格。可是，如果過頭的話，女性氣質被過度擴張，也會產生逆來順受，毫無怨言的性格。

此外，有種女孩因為渴望具有男根，而追求與男性相同的性格，於是產生爭強好勝，一心想要控制男子的性格。

說別人自卑的人，自己更自卑

經常講別人自卑感作祟的人，自己的自卑感更
大，因為他不願別人提到，所以將此種情緒轉化
為攻擊性。

不管置身任何場合，我們都不能過度強調人性的光明面，而
對別人不加以防範。因為，人性並不完美，因此如果你的眼中看
見的都是好人，那麼，就註定你要因為自己不長眼睛而遭殃。

媒體曾報導一則駭人聽聞的新聞，描述一位家庭主婦竟然拿
菜刀將鄰居太太的手腕硬生生切斷。

這件事情的主要起因，可能是由於那位家庭主婦患有精神病。
可是，據外界傳說，可能是被害者的年輕美麗常為當地人士所稱
讚，附近的人對她的評論也大多十分良好，因而引起凶手的嫉妒，
憤而將她殺傷。

此外，以前也曾經發生過一件人倫悲劇，一位學業成績名列
前茅的哥哥，竟然被弟弟殺死。

這些事件或許太過極端，但是，在辦公室裡也經常發生類似
情況。例如，有些沒有能力、不受重用的小職員，看到別人能力
強、學歷高，一步步往上高升時，就會眼紅而故意刁難。

公司裡人緣好，長得漂亮的女職員，也時常會遭受其他女同
事的排擠。

也許，有些人的態度並不會那麼流露那麼明顯的攻擊性，可

是他們卻會在言行穿著等其他方面，顯示出好強的心理。例如，有些女性雖然薪水微薄，但是卻打扮得花枝招展、珠光寶氣，與身分毫不相稱。

這種心理也就是所謂的自卑感，這個名詞是由奧地利心理學家阿德勒所提出。每個人都希望自己比別人出色，因此如果有不如人之處，心中便會起反感，如果一直為此事耿耿於懷，意識或行動就會受到心理影響，採取異常的反應方式。

每一個人或多或少總會有些自卑感，舉例而言，學歷不高常常是引起自卑的因素，但是有學歷卻無法學以致用，也會產生自卑感。

另外，雖然有實力、有學歷，但所受到的待遇卻不適合自己的條件，還是會令人感到自卑。

例如，一個一流大學的畢業生，可能因為社會職業競爭的關係，較別人慢一步升職，這件事就足以成為自卑的因素。就某種意義來說，自卑感乃是優越感的另一面。

當我們內心產生自卑感時，自然而然地就會以行為遮掩這個心結。比如儘量避免談到與自卑感有關的話題，或者以另外的方式隱瞞使自己自卑的事情等等；這是每個人在日常生活中，都會不自覺採取的舉動。

不過，有些人卻因為內心的自卑感與優越感過分強烈，造成緊張狀態，為掩飾自己的缺點，有時會形成想像不到的巨大力量。

拿破崙就是一個最佳的例子。

他出生於科西嘉島，是個沒落貴族的後裔幼年喪父，面目醜陋，身材矮小，因此他有強烈的自卑感。不過，這種自卑感卻成為他後來躍登法國皇位，征服歐洲世界的活力來源。

當然，在我們身邊像拿破崙的人物並不多見，可是裝模作樣、

喜歡控制別人、固執完成一件事，甚至對反對自己的人加以打擊的人，在心靈深處都有自卑感，因此我們必須詳細觀察，才能判斷。

想知道什麼叫做自卑感，只需靜下心來想一想，便可以體會到，它是一種不希望人家提起的事物或情緒。

我們也可以說，經常講別人自卑感作祟的人，自己的自卑感更大，因為他不願別人提到，所以將此種情緒轉化為攻擊性。

了解這一點之後，應該留心與人交往時，千萬不可觸及對方自卑感的隱痛，這是人際關係中應有的禮貌。

如果破壞這一點，不管多麼深厚的友情都會立刻瓦解。

自卑的人就像愛吠的狗

對自卑型的人所射出的暗箭，最好也不要理會，
因為他們本來只是一隻膽小的狗，即使向你吠幾
下，對你也沒有什麼傷害。

　　有些人工作分量稍微加重一點，就會不斷埋怨：「我老是受
到不公平的待遇！」同事稍受公司重用，他就會憤恨地說：「哼！
那個人老喜歡向上司諂媚！」

　　看到別人在工作上犯個小差錯，就會露出不滿的態度，不平
地批評道：「他怎麼沒事？為什麼我做錯時，都受到嚴厲責備！」

　　其實，對現實不滿的人極多，可是上述類型的人批評埋怨時，
卻還有一種特殊的特色，那就是他們必定會拿自己與別人做比較，
以顯示自己是受委屈的一方。

　　而且，這些人從來不公開提出自己的不滿，只會在暗地裡說
話。對於工作，他們也不肯努力去做，卻經常說：「反正我不
行！」或者酸溜溜地說：「我從來從來不敢想過上司會提拔我這
種小人物！」

　　就心理反應看來，這也是自卑感的一種表現。這種人都只會
埋怨別人，表示不滿，從不知努力上進。

　　因為他們無法運用補償自卑感而產生的能量，反而使自卑感
變成心理上的負擔，造成性格上的偏差；他們無法坦誠接受事實，
只能成天對別人發牢騷，訴說自己的不平。非但如此，由於他們

的慾求無法獲得滿足，所以心情經常焦慮不安，情緒變化非常劇烈。

仔細觀察這一類型的人，我們可以發現，他們會突然熱衷於某件事情，可是很快又會放棄。

例如，突然開始學習樂器，不久又棄而不顧，一會兒對某個人佩服得不得了，一下子卻又罵那個人，不斷說他的壞話。

此外，這種人談話時，喜歡找有利於自己的話題，例如打高爾夫球或是自己孩子的事情等，儘可能向別人吹噓一番。

老實說，沒有人會喜歡與這類型的人做朋友，可是他本人卻由於高度的自卑感，非常渴望朋友，所以往往會藉著背後說別人的壞話，希望得到他人的同情，或者尋找傾聽自己吹噓的人。

有時，他們也會因此聚集一些相同的不滿分子，組織成小集團。

在可能的範圍內，對這種人最好敬而遠之，而且對自卑型的人所射出的暗箭，最好也不要理會，因為他們本來只是一隻膽小的狗，即使向你吠幾下，對你也沒有什麼傷害，所以與他們隨意周旋即可。

對方是男性性格，還是女性性格

在成人的社會裡，因為每個人在社會上各有現實
考量，所以不論男女都學會適時交互以男性性格
或女性性格來行動。

　　我們生活的這個世界越來越強調形象包裝，人為了求生存，
或是在競爭中勝出，往往會針對一般大眾心理上的盲點，處心積
慮地塑造自己，隱藏真實性格，以完美的形象與裝扮出現在公眾
面前。

　　懂得運用肢體語言代表的的概念，洞悉別人內心深處所隱藏
著的意志和感情，同時進行各種心理狀況分析，可以幫助我們更
加了解人性。

　　透過這樣的分析，我們也可以適時自己修正自己的言行，不
至於因為不小心冒犯別人而引起不必要的衝突。

　　如果有人當著你的面，冒昧地問：「你是男人還是女人？」
我想任何人都會認為對方是在侮辱自己。

　　可是，如果有人問：「你的性格比較男性化，還是比較女性
化？」那麼你可能會答道：「我當然是……」接著整天茶飯不思
地想著這個問題！

　　關於性格問題，心理學家懷寧格首先將之分為男性化與女性
化。

　　懷寧格是個絕對讚美男性，而蔑視女性的評論者。他說：「最

低級的男性也比高級的女性高明得多。」認為男性性格比較合乎邏輯、富於創造力，女性性格較為感情化、具模仿性。

這種獨斷的想法，聽在女權運動者的耳裡，當然會勃然大怒而引起軒然大波。不過，男性與女性在性格方面的確有所差別，這是一件不容置疑的事情。

根據各種調查，通常男性較富於邏輯性、創造性、研究性，對於形態、機械及觀念性的東西特別關心。反之，女性比較直覺、具體、受感情支配，對於人際關係、語言等較為注意。

但是，這些特性究竟是與生俱來的，或者是後天環境所造成的呢？這個問題到目前為止，仍然眾說紛云，未獲定論。

不過，雖然這樣，我們的腦海中仍然存有男人該有男性化性格與女人該有女性化性格的刻板觀念。例如，我們常常聽到有人批評說：「那個人雖然是個大男人，卻一副娘娘腔！」

斷定一個人的個性時，許多人經常都會以這種觀念為準則，但是事實卻未必真的如此。必須注意一個人對各種事情的反應、意識、關心，才可斷定他是較傾向於男性化還是女性化。

例如，有人評論道：「你挺會打扮的！」這時候，如果被評論者是個十足男性性格的人，他的反應不是發怒就是不表意見，但是具有女性性格的人，卻會認為這是一種奉承。

從興趣及關心層面而言，男性化性格的人對於動態的機械、高速度的交通工具，以及組織、秩序、經濟、政治等，會表示出積極的興趣。

女性化性格的人，對於花草、美麗的自然風景、文學、戲劇、人際關係、個人的私生活、時裝的流行……等，特別關心。

我們也可以說，希望做技術人員、律師、政治家、法官的人，屬於男性化性格；希望成為小說家、設計師、秘書的人，則較傾

向於女性化性格。

在成人的社會裡，因為每個人在社會上各有現實考量，所以不論男女都學會適時交互以男性性格或女性性格來行動。雖然表面上，有時看不出周圍的人是屬於那種類型，可是如果能夠以前面所記述的特性作為標準，仔細加以觀察，我們便可看出每個人的真正性向。

經由這種方法，或許會突然發現，表面上極具男子氣概的上司，竟不可思議的有女性化的一面。如此一來，向來以不拘小節的態度與上司打交道的人，就應稍加改進，因為與這種上司接觸最好還是注意一下細節。

此外，假使用這種眼光來觀察自己的愛人時，你或許會發現拚命地裝做很女性化的女朋友，可能具有非常男性化的一面，那麼就得預想到將來結婚以後，當她露出馬腳時，可能變成一個專制跋扈的太太。

8.

死皮賴臉，說話充滿壓迫感

有的人臉部表情非常貧乏，反應並不太明顯。

因此死皮賴臉的人，為確認自己講話的效果，

常會一再重複使用「所以」二字。

MIND-READING

進行性格分類有利於支配

若是能夠確認對方所屬類型，便可預測他在碰到某種刺激時，會產生何種反應，更可藉此觀察所得的結論來支配他人。

　　一位剛進公司的新進職員，有天上班時，不明就裡地被科長刮了一頓。正當他搓著雙手，不知如何是好時，科長竟然怒氣沖沖地罵道：「你到底呆在那裡幹什麼？」嚇得他冷汗直流，整天憂心忡忡，擔心失去工作。

　　不料，下班回家的途中，卻受到科長邀請，相偕至餐廳進餐，席間科長竟然親切地拍著他的肩膀，鼓勵道：「好好的幹，你一定會有出息的！」

　　相反的，他的股長對屬下很溫和、親切，但是為人卻相當深沈，從外表言行上，根本很難了解他心裡究竟在想些什麼。

　　於是，新進職員向一位與上司相處很久的老前輩討教，老前輩說：「我們的科長屬於唐吉訶德型，股長屬於哈姆雷特型！」

　　聽完這番話後，他馬上想起科長、股長的言行舉止特點，因而對上司們的個性有了更清楚的認識。

　　描述人類性格的言詞相當多，例如嫻淑、明朗、頑固、陰險……等。某個心理學者曾經下功夫收集這些單字（**大多是形容詞**），據說這一類單字的組合大約有一萬八千多種之多。

　　同樣是「明朗」這個形容詞，依照語言的組合，又可分為溫

和、爽朗等不同的明朗。由此可知，性格的類型更多，可以說有無限的組合，地球上如果有數十億的人口，就有數十億種不同的個性。

從單字的組合上，如果是「豪爽、明朗、外向」，我們很容易便能明白是那一型的人物，但如果是「明朗、頑固、憂鬱」的組合，就會難以理解和想像。換言之，例如以性格明朗為主軸，加上具有共通性或與其有關聯的單字，就會構成一定的語群，形成比較固定的性格類型，使我們能夠輕易而充分的瞭解。

在日常生活裡，一般人所謂的某某類型，也是依照這些固定的類型描述來判斷他人的人格。所謂的唐吉訶德型、哈姆雷特型，乃是依照小說中的主角性格為標準，當作性格的一種判斷。

除此之外，我們也可用其他的特徵做為訂定典範的標準，例如歷史人物而言，可舉出劉備型、關公型、諸葛亮型等，由地理上的特徵，可分為南方類型、北方類型，由職業方面可分為老師型、記者型等，這些性格類型的判斷方式，常常被人使用。

心理學將上述分類方法稱為類型心理學，這種心理學式的原則，自古以來便一直被許多學者所使用。這不僅要整理分類性格特徵，同時還必須建立一個完整的脈絡，並加以研究分析。

例如，古希臘的蘇格拉底曾提出一項假設，認為性格的差別，乃是內分泌的個別差異所造成。因此，他把人格分為黑膽汁質、膽汁質、黏液質、多血質等數種類型。當然，以現代人角度看來，這種分類方法並不實際，隨著時代進展，經過無數學者的努力研究，才逐漸產生大家所能接受的性格分類法。

這種類型學正是瞭解人性的鎖鑰，假使我們具有這方面的知識，在了解人性上就比較方便。

例如，與人初次見面時，若是對方的態度顯得畏縮不前，由

這小小的特徵，可以了解他是一個內向型的人！而平常十分明朗的人，卻有時會突然心情憂鬱，那麼亦可推斷他是個屬於躁鬱型的人。

由外觀看來，雖然兩者個性表現互相矛盾，實質上卻可合為同一類型，加以歸類。若是能夠確認對方所屬的類型，便可預測他在碰到某種刺激時，會產生何種反應，以及他所能勝任的工作，更可藉此觀察所得的結論來支配他人。

當然，以固定類型做性格分類，有時難免會有以偏概全的缺點，因為這當中一定會有許多例外的情形。但是，根據這種方法，在某種程度之內，的確可以掌握對方的整體形象。所以在建立人際關係時，多少還是能夠有幫助，可用以適應同事、職場或學校等團體生活。

武斷的口吻容易引起反感

講話時，必須特別小心，口氣不要過分肯定，尊
重對方的意見才是說話的要訣。

　　許多人都認為，說話時語尾含糊的人，性格大多遲疑不定。
這種觀感的確有其真實性，與這種人談話時，時常會產生對方難
以信賴的感覺。

　　相反的，語尾清晰的人，會使人產生信任感，言詞間往往就
給人爽朗的印象。但是，過分加強語尾的人，卻容易引起別人反
感。

　　平常我們談話時，假使在一句話的中間或結尾部分，加上一
些助詞或加重語氣，大都是含有希望對方同意或特別注意的念頭，
或者是想要加強自己言論的準確性，以便繼續進展話題。

　　其用意並不全是為調和言詞的流暢度或優美度，而主要是企
圖封鎖對方思路，令對方屈服，而順服自己的意思。

　　許多政治人物的說話方式便是這樣，在演講時，總是以自己
獨特的音調，低沈而煽動性地說道：「……，不是嗎？」

　　在權力場上競逐的人，必須經常站在說服者的立場說服對方。
為要使對方同意自己的說法，有時候當然需要利用試圖壓制對方
心理的說話技巧，使對方更難反駁。只是，這種說話技巧往往在
不知不覺中，成為當事人一種習慣，以致於與任何人之間，都無

法進行真正公平的對話。

因為所有與他們談話以及同席的人，幾乎都被他們的言詞所壓抑住，沒有說話的餘地，致使大家內心煩躁不安。

這種煩躁不安的心理，在談話結束後還會殘留在心頭。

此外，有些人在說話時，喜歡不斷把聲調上揚，彷彿很有果斷性，但是這種說話習慣很容易導致聽者的不悅。

雖然對方的聲音很溫和，但若老是在語尾加上一句：「你知道了吧！」「不是嗎？」這一類的話時，聽話的人雖然對他所講的內容並沒有其他異議，但會不由自主地想要加以反駁。

這種類型的人，多半屬於自我中心型，很少考慮別人立場，由於時常以武斷的口吻說話，因此在無意中，常會引起旁人的厭惡。

從事政治活動和教育工作的人必須特別小心這一點，這兩大族群因為職業的關係，很容易養成這種習慣。此外，經常與晚輩接觸，負有告誡、教導責任的人，在不知不覺中也會養成這種語言習慣。

過分強調「注意事項」、「教導事項」，很容易忽略受教者的心理。所以我們講話時，必須特別小心，口氣不要過分肯定，尊重對方的意見才是說話的要訣。

適當表示意見可擴大生活圈

凡事在乎他人感受，過分顧慮他人觀感的人，反
而會因此喪失友誼，造成遺憾的結局。

　　每個人講話的方式各有不同，有些人比較會顧慮到別人，有些人則不太理會別人的看法。一般而言，口齒清晰、性格直爽，講起話來口若懸河的人，大多不太會顧慮到別人的感受。

　　另外，態度嚴肅的老處女、性格冷漠的男士，可能對自己的未來已經看得很透，所以對周遭的一切也都毫無顧忌，他們常是想到什麼就說什麼，即使自己所講的話，會被別人誤以爲是咒罵或批評，他們也毫不在乎。

　　同樣的，對於別人的謾罵、中傷，他們也不放在心上，而且認爲世界上的人狀況來就是這樣，彷彿對人世間的一切看得非常豁達。

　　在政府機關上班的人之中，也有很多這類型的人，尤其以低層公務員居多。就某方面來說，他們可以說是擁有最具典型的公務員氣質。

　　這些人做事時，從不理會別人的意見，「依照上級指示，完成分內工作」是他們心中唯一的念頭。所以，在處理公務時，他們很少理會百姓的特殊狀況，只是機械性的辦理公事，而且還認爲必須如此做，才能表現出對所有人一視同仁的態度。

　　這種情形意味著某些從事公職的人，不太顧慮別人的特殊需要。反之，過分顧慮別人的人，大多是容易被批評或毀謗的言語所傷害的人，為怕受傷害，所以對別人的意見與立場，往往考慮得太過周到。他們絕對不會採取強硬手段，總是以婉轉溫和的口氣與人交談。

　　這就是所謂的「好好先生」。這些「好好先生」不管別人怎麼對待他們，都毫無怨言，逆來順受，因此，總會引起朋友們的不平，強迫他們學習罵人的話。

　　可是，這類好好先生卻總是難以啓齒，有時就算罵過之後，還會加上一句：「真對不起！」向對方猛道歉。

　　平常不太顧慮別人的人，凡事大多採取相應不理的態度。他們的社交範圍雖大，但與周遭的關係卻非常冷淡。他們思索人與人之間的關係時，總認為接受別人的意見應該有個限度，如此心情才會比較釋然。他們特別強調能夠隨意行事，不必受人拘束，行動才能自由。

　　他們認為，過分顧慮別人的話，必然無法採取果斷的行動，容易受他人擺佈，因為當對方的意見與自己想法有差異時，若是無法強烈的表示反對，自己會變得畏首畏尾猶豫不決，而這絕不是他們所樂意見到的自己。

　　這樣的人，自然不可能擁有圓融的人際關係。

　　至於凡事在乎他人感受的人，經常表現出模稜兩可的態度，往往讓與他相處的人很難適應，甚至產生反感。這些人的朋友會因為自己的好意或意見未被他們採納，進而產生被忽略的感覺；久而久之，由於與他們交往毫無樂趣可言，結果朋友們一個個便會棄他們而去。所以，凡事過分顧慮他人觀感的人，最後反而會因此喪失友誼，造成遺憾的結局。

思考模式決定一個人的價值

想要洞悉一個人是否真的有能力、有智慧，不可以忽略思考模式的差異性，尤其是系統思考型與擴散思考型這兩個系統。

　　一個超乎一般常識想像的人物，他的思考模式，是無法用一般尺度或判斷基準來加以衡量的。

　　著名的發明大王愛迪生，在孩童時代，記憶力非常差，讀小學時還被老師放棄，認為他是無法接受學校教育的孩子，而將他退學。愛迪生的母親沒有因此放棄他，並給予深具愛心且正確的教育，使得愛迪生逐漸對學問感興趣，尤其愛好物理和電力學，之後便逐漸展現出發明家的才能。

　　提出進化論的著名生物學家達爾文，小學時代也是一個呆頭呆腦的孩子，反而妹妹梅亞麗的成績比較好，所以他的父親經常絕望地說：「如果你的頭腦能像梅亞麗那樣好就好了。」

　　不管是愛迪生，還是達爾文，雖然小時候都被認為是頭腦很差的小孩，但像這樣的小孩如果找到自己喜歡的領域，不斷地努力，還是可以逐漸發揮他們的才能。

　　相信大家在學校都曾接觸過功課不怎麼樣，考試成績總是在及格邊緣，但在美術、體育或音樂方面卻很有才能的同學。

　　這些人在一般的學校教育體系裡，經常是被考試淘汰、被師長認為沒救的一群。但如果換個環境，讓他們培養才能，相信他

們一定可以發揮個人的特殊專長,發展出自己的一片天空。

　　人類頭腦的活動,大致可以分為系統思考型與擴散思考型兩種。所謂系統思考型是學校裡所謂天才的頭腦思考方式,擅長記憶及思考在學校所學的東西來解決問題,這種的頭腦活動常表現在智力測驗或學業成績上,所以別人對他們的優劣可以很容易做明確的判斷。

　　所謂擴散思考型,則是創造性的思考方式,因為這種頭腦活動方式會往深處去思考,所以常會處於沉思中,因此,這樣的人才會看起來笨笨的。

　　而且,因為他們很少將腦筋花在日常生活上,所以給人的印象也不太聰明。像愛迪生、達爾文等就是典型的例子。

　　在日常生活上,表現平平凡凡,甚至被認為幾近於白癡的這一類型的人,就第三者來看,瞧不出他們有什麼能力,所以常會被烙印上「無用之人」的印記,但有很多時候卻不是如此。

　　所以,想要洞悉一個人是否真的有能力、有智慧,不可以忽略思考模式的差異性,尤其是系統思考型與擴散思考型這兩個系統。

　　系統思考型者的表現顯而易見,很容易下判斷;但不要忘記還有一群屬於擴散思考型的人存在,他們的才能往往隱藏著,不容易被發現,不能因此就判定他們是一群愚蠢的人,應該要更仔細地從各種不同的層面去觀察,找出他們的能力,洞悉他們真正的價值。

洞悉一個人，不能光看外表

有些人，在外行人看起來，覺得他非常有能力，可是就老手來看，這種人仍只是生手，算不上是行家。

　　某位商場女強人舉出下面的例子，說明不能用外表穿著來判斷一個人。

　　這位女強人說：「我擔任工頭的父親，小時候絕不會對我們說：給我用功點！否則就揍扁你！他時常教導我們做人的道理。例如他常常說，不能以外表穿著來評定一個人。身穿名牌西裝，或腳穿名牌鞋、手戴鑽錶的人，並不一定是好人。在這個世界上，就有外表穿著看起來很窮酸，但卻人品高貴的人存在。相反的，外表穿著華麗的人，反而有很多是不可信任的。」

　　這位女強人並舉例說，一位常去她家撿破爛的老人，就是一位不簡單的人。他非常的博學，常坐在工廠裡與父親聊三、四個小時。

　　雖然撿破爛的老人身分、來歷、學歷不明，但英文、德文卻都很好，也很懂國家大事。他還會姓名學、看手相、人相、陽宅風水等，且看得很準。

　　撿破爛的老人，有一天看著女強人的臉，告訴她的父親說：「你這個女兒將來會離開故鄉，一輩子單身，並且在社會上成名。」就如撿破爛老人的預言，這位女強人一輩子沒有結婚，成

為努力於工作的企業家。

撿破爛老闆在這位女強人家鄉發生空襲前的一個月，來家裡找她父親說：「值錢的東西最好趕快送到鄉下去存放好，且在下個月初盡可能不要留在這裡。」

這位女強人強調：「外表看起來很窮酸，職業也是一般人所討厭的撿破爛，但事後證明他的預測全都說中了。父親非常尊敬這位撿破爛的老人，常說自己從他身上學到很多東西。後來他站在被炸彈炸成廢墟的市區，拚命祈禱那位撿破爛老闆平安無事。」

這個故事告訴我們很多在洞悉人、評價人時的學問。

這位撿破爛的老人，根據這位女強人描述，可以得知他是一個非常博學的人。

問題是，這樣有學問的人為什麼會去撿破爛呢？

雖然我們不知道他的過去而難以推測，但可以想像的是，他或許是不喜歡和人接觸，且社會適應不良，不善於處世又非常頑固，所以縱然本身非常有能力，卻不為社會接受。這樣的人在社會上相當多，人不管學識再怎麼高，如果沒有適應社會的能力，就無法將所學完全活用在現實社會裡。如果由這點來衡量，那這個撿破爛老人的社會適應能力是非常低的。

還有，這個撿破爛老人的外文非常好，通曉人相、手相、陽宅風水、姓名學等，且算得非常準，其實他可以活用外文能力從事翻譯的工作或教學，也可以活用人相、手相、姓名學，給人看相為生。

但他不從事上述工作，卻寧願撿破爛過活，或許是因為沒有活用自己特殊才能的能力，也或者是，他所擁有的學識在當時社會並沒有用處也說不定。

這裡所謂沒有用處是指雖然他知道很多事情，看起來很屬害，

但每一項都「博而不精」，在緊要關頭時完全派不上用場。

　　所以，想要以某項專長安身立命，還是要努力成為該領域的行家，必須擁有不輸他人的能力及見識才行。

　　我們可以見到有些人在外行人看起來，覺得他們非常有能力，可是就老手來看，這種人仍只是生手，算不上是行家。

　　這是因為，要成為某個領域的專家，並不是一件簡單的事。

　　另外，在某個專業領域有非常優秀的能力，但除此之外全然一無所知的「專家笨蛋」也大有人在。這樣的人雖然對自己的專業非常的熟悉，能力也很高，但因為他對其他事物一無所知，儘管讓他從事專業領域內的工作會有所發揮，但整體來說，還是很難有太好的表現。

心直口快，會讓人感到不耐

心直口快大多具有來自單純思想的正義感，比較不會利用權勢做壞事。在某種程度內，可以放心將一些重要的事情交付他們。

選舉期間，電視常會大肆報導候選人的政見發表會，從觀察的角度來看這種發表會，往往能夠發現一些非常有趣的事實，比如從候選人的說話方式，便可大致了解他們的性格。

近年來，參加競選的候選人，顯然已經習慣於出現在有電視轉播的場合，所以說話的技術越來越高明。發表政見時，有些人有條不紊，抑揚頓挫表現得恰到好處；有些人則大喊大叫，旁若無人；還有人慷慨激昂，比手畫腳。由這些行為，我們很容易猜測他們平日的作風。

例如，在開會期間，遇到質詢時，爭相登記或舉手發言，但真正輪到該發言時，又提不出具體的質詢，只是口沫橫飛的敘述自己偏頗看法的人，大多屬於心直口快，思想單純。

這種人時常為自己的表現感到沾沾自喜，但事實上，他們根本不知道這種行為非常令人生厭。毫無疑問的，當他發表自以為是的高見時，周圍的人一定個個滿心不耐，甚至緊皺雙眉。

更清楚地說，這種人根本不懂得如何在團體中與人相處。在他們心中，不但沒有空間容納別人，甚至還會對他人的言論超越自己感到憂心，因此養成欠缺考慮他人立場的行為習慣，不知不

覺中，衍生出動輒排擠別人的念頭。

這類型的人，思考和行動往往十分幼稚。

他們不善於考慮事情的前因後果，思維欠缺邏輯組織，所以有時候，會說出一些不倫不類的話，令人啼笑皆非，他們偶而還會無的放矢，隨便亂說一通。

其次，他們的思想也非常單純，凡事都以單純的理論為基礎，由此發展思路。比如：「因為世界上有壞人，所以才會這麼混亂，因此我們必須將壞人全部處死。」

諸如此類，總以教條式的理論為根據，做為判定善惡的標準，而不去思考產生罪惡的原因以及其社會背景。

不過，這種心直口快的人也有一個好處，就是他們很樂意成為解決別人紛爭的和事佬。由於他們大多擁有來自單純思想的正義感，因此比較不會利用權勢做壞事，在某種程度內，可以放心將一些重要的事情交付他們。

當然，與這種人相處時，可能會讓人感到非常不耐，例如他們在講話時，經常不會理會別人的反應，像連珠砲般，不顧一切向對方發射。

與這種人談話時，你幾乎無開口的餘地，只能耐住性子聽他說完，所以常會讓人產生窒息、焦急煩躁的感覺，心情在無法鎮定之下，便會傾向草草應付，以便儘早脫離他的疲勞轟炸。一般人之所以不容易與這種喜歡自說自話的人建立真正的友情與信賴，原因大概出自於此。

處世圓融能幫你建立友誼

性器性格的人不會明顯地表現出自己的情緒，做事一定先考慮現實的情況，以期更和諧地達成自己的願望。

　　每個人在人生旅途中所追求的目標因人而異，有些人為了累積財富，有些人為了追求功名，有些人為了自己的興趣，而有些人為了愛情，不惜以生命作為代價。

　　由於追求的目標不同，生活的方式當然也各異。希望變成富翁的人，為了聚斂財富而貪心不足，自私自利；追求愛情的人，成天像無頭蒼蠅般，盲目地為異性而忙碌。這樣的人大多秉持「做自己喜歡的事情，才是追求人生真正目的」的想法。

　　可是，也有人在平常生活中，不完全表現出自己的利害關係、好惡感情，對自己的言行舉止，都會考慮周圍的情況。

　　他們為了追求和諧圓滿的生活，必要時寧可收回自己的意見，甚至與別人妥協，不斷由現實生活中選擇可行之道。這類型的人沒有強烈的性格，也沒有一貫的價值觀與人生觀。他們雖然沒有執著於某件事物的熱烈情緒，不過這種性格卻十分適合在現實社會中生活，特別是解決困難的問題時，或是從事人際間的協調工作，他們能夠將事情處理得非常調和、圓滿。

　　繼男根性格之後的性器性格即是這種類型，它的特點是不以快樂為原則，而是以現實圓滿為原則。

也就是說，雖然依照弗洛依德的理論，人類的一切行為都與性的滿足有關，生存的目的就在滿足這種目的，但是性器性格的人卻不會固執於口腔、肛門或陽具等特定的部位。

他們不會明顯地表現出自己的情緒，做事一定先考慮現實的情況，以期更和諧地達成自己的願望。

所以，他們不會堅持某件事或自己的想法、意見；這種人的思想非常合乎中庸之道，會隨著外在情況的變化，技巧地保持自己的平衡，而決定個人的生活方式。

性器性格的人在愛情方面大多採取博愛的態度，不會只愛某種人，因此人格自然也比較圓滑。

我們的四周經常可以見到這種類型的人！他們平日舉止沈著穩重，不太講自己不滿不平的事情，經常保持臉部的微笑，同情弱者，懂得體貼，顧慮人家的面子；雖然行動不太積極，卻清楚自己所擔任的角色，對事情富有責任心的人，就是屬於這種類型。

這是一種成人的性格，具備這種性格的人看起來大都十分成熟，與他們交友，會令人感到安心，與他們結婚組織家庭，也頗值得信賴。

此外，在事業上與這種人共事，必能合作愉快；這種人如果擔任主管，必能受到屬下的愛戴，同時他們可靠、負責，能夠將自己分內的工作做得妥妥貼貼。

當然，在這個社會上，沒有任何人的性格是完美無缺的，但是這類型的人瞭解自己的缺點，經常努力追尋改進之道，這種精神十分令人敬佩。

9

準確識人，才能遠離小人

僅僅憑外在條件就對一個人下定語，

往往是不可靠的，也是不可取的。

MIND-READING

準確識人，才能遠離小人

人與人之間恰如其分且正確的理解，無須經過長期的、過分親密的熟悉。關係不過密時，頭腦最冷靜客觀，對於正確地認識此人是最適合的。

　　與不相識的人初次見面時，對方的外貌（包括長相如何、風度怎樣等等）似乎就決定了第一印象的好壞。

　　然而，不管他人留給我們的第一印象如何深刻，要想真正認識一個人，不能只停留在第一印象上，這只是對一個人認識的起點，絕不是終點。畢竟它是建立在資訊不足——尤其是反映內在本質資訊不足的基礎上，相當具表面性和片面性，有時還會有些虛假。它也常常受到我們的生活經驗、個人的好惡傾向所左右，所以應該努力看得更深刻一點。

　　以下是識人三大法則，值得我們用心熟記：

　　● 切莫「先入為主」

　　第一印象基本上是由直覺發出的，對此不能不信，也不能全信。直覺是最純淨、最沒有價值判斷的，但是它往往也是最簡單、最直觀的。因此，不要光憑直覺待人處事，除非受過專業訓練，已達到老練的偵探或者淵博的心理學家的水準，否則太依賴直覺相當危險。

　　記住，全然聽信「第一印象」是幼稚的，甚至可能帶來危險。

最適當的做法是加以驗證，如果後來觀察到的事實與第一印象不符，就應尊重事實，去除先入之見。

不了解事實真相，就不可能明智地思考問題。

有些人不逃避思考，可是在分析問題時，總喜歡像獵犬追捕獵物似的，一個勁地捕捉那些足以說明自己先入為主觀點的事實，對其他情況不屑一顧，因而更加盲目。

人們常根據聽到或知道的、關於他人的情況，在見面之前就對別人做出評價，無視自己的判斷能力，一味信任自己的直覺。

先入之見使人無法發揮真正的洞察力，必須努力克服。克服先入為主的最好方法，是把感情和事實嚴格區分開來，努力做到對事實客觀、公正，進行全面的分析判斷。

● 學會站在對方的角度看問題

有時候，我們常常百思不得其解，想著：「這個人為什麼會這樣呢？」

其實，只要在內心假設，處在相同的位置和情況，你會怎樣做，就會明白對方的行為了。

你也許會發覺，自己也不得不做出同樣的決定，甚至表現還更差。

「設身處地」，不僅有益於經營人與人之間的關係，也是了解別人最簡單的一個方法。以下，是一個常見的例子。

老李當小職員時，常常在背後議論科長太無能，「連一件小事也要考慮再三、優柔寡斷」，宣稱如果有朝一日自己能「掌權執政」將如何如何，大有一番扭轉乾坤的氣勢。

不久，老李果然「如願以償」，結果業績也不過爾爾。

對此，他深有感觸地說：「看人挑擔不吃力。現在才知道辦

一件事是多麼難啊！看來前任科長並非優柔寡斷，而實在是身不由己，在那樣的情況下還做了許多事，他真是不簡單啊！」

將心比心，設身處地，有助於更加深入地認識一個人。

● 保持適當的距離

西方有一句諺語，說出了一個很平常但又深刻的道理：「英雄的妻子，不知道自己的丈夫是英雄。」

事實常是這樣，對於朝夕相伴的人，一方面非常熟悉，好似閉上眼就能說出對方的十幾條特點；另一方面，也容易漠然視之，有什麼新變化、新發展，常常不甚注意。

要深入了解一個人，就應該長時間與他接觸。但是，這又會造成習慣上的盲點，有許多問題反而難以覺察，因為「臉挨著臉，就看不見臉」。

心理學研究表明，人與人之間恰如其分且正確的理解，無須經過長期的、過分親密的熟悉。若要更準確地使人們相互理解，必須透過最適合的時間和適度的密切程度。

長時期過於密切的相處，很可能歪曲相互理解的準確性，憑空抹上許多色彩，或過於高估對方。兩個互相要好的人，留給彼此的，一般都是美好的形象，這對於認識一個人是不利的。

從這個意義上，可以說「熟知並非真知」。

在與一個人結識的時間不過長、關係不過密時，頭腦最冷靜客觀，對於正確地認識此人是最適合的。

少一點偏執，就會少一點失誤

每個人都有自己的偏見，只有跳出感情的圈子，
擺脫利益的束縛，心平氣和地觀察、了解一個
人，才會有更清楚的認識。

要認識、判斷一個人，不妨先根據他留給自己的最初形象進行分類，然後再透過實際生活中逐步且有意識地觀察，看看是否符合假設。

如果全部符合，他就是我們原來假定的那種人；如果全部不符合，他就是另外一種類型的人；如果部分符合、部分不符合，他就是具有某種類型的人所具有的某些特徵，但不完全，一般以這種情況最多見。

大數學家高斯曾說過：「如果沒有某種大膽放肆的猜測，是不可能得到知識進展的。」現實生活也是這樣。

當然，運用這種方法，首要條件是自身已具備了識人的豐富知識，還應注意不要用先入為主的框架套人。分類是必要的，但更重要的是與事實是否相符。靈活，而不要偏執、死板。記住，一切僅僅是假設。

● 用比較的方法認識人

俗話說「不怕貨比貨，就怕不識貨」，識人也是如此。見的人多了，就會自然而然地感覺到張三與李四、李四與王五的不同

了。

比較，是我們認識周圍世界並思考問題的一個重要方法；比較，在日常生活中隨處可見。

比較是人們普遍的心理狀態，沒有比較是不可能的，問題在於怎麼比才正確，才會收到良好的效果。如果只有橫向視野，沒有縱向視野，或者只看近不看遠，就會由此產生各種錯覺、猜疑和誤會，造成困擾。

比較，是認識一個人的好方法，它對於認識人，分辨出人們之間的微小差異有很大幫助，但必須慎用。

● 克服偏見，理性識人

正確地認識一個人之所以極其困難複雜，主要原因就在於感情對理性的干擾和影響，使我們常常迷失方向，走向歧路。

當我們認定某人是好人，他的一切就都變成好的了；當我們認定某人是壞人，一切就又都變成壞的了，甚至連對方以前做的好事也說成是「別有企圖」。感情，統治著人的內心，神秘且無所不在，有時甚至讓人覺得可怕。

培根說：「情感以無數的、而且有時根本覺察不到的方式，來渲染並感染人的理智。」

《聖經》中也說，當一個人情感激動時，「雖有耳朵，卻聽不見」。

每個人都有自己的偏見，可能是認識上的侷限，或感情上的偏愛。人們不會輕易就達到互相了解，即使有最美好的意願和最善良的目的，更何況惡意會把一切都破壞無遺，當偏見蒙住了人的眼睛，想要去除是相當艱難的。無論是證據、常識還是理性，都敵不過偏見的傷害。

　　只有跳出感情的圈子，擺脫利益的束縛，心平氣和地觀察、了解一個人，才會有更清楚的認識。

● 看看他周圍的人

　　認識一個人還有一個很簡便的方法，只要看看環繞著這個人的經常是些什麼人，大概就行了。

　　人們總是喜歡志趣相投的人，也總是喜歡與自己相似的人。安靜、樂於思考、性格內向的人，一般不會願意與大吵大嚷、輕浮、外向的人交往；行為主動、辦事沉著的人，一般不會喜歡結交行為被動消極或辦事急躁慌張的朋友。

　　當然由於各種原因，有時人們會結交與自己截然相反或者反差很大的人，但大多數情況下，真正打從內心喜歡的還是和自己相似的人。

　　長期的、穩定密切的相互聯繫，會使交往雙方在某些行為準則、性格特點、價值定向上變得相近或者相同。

不要單憑外在條件判斷進行

一個人的性格是多方面的，只有在實踐中考驗、
識別一個人才是最可靠的，才能減少判斷失誤，
認清身邊的好人和小人。

長期以來人們形成了一種觀念：好人必定言行端莊、眉清目秀；壞人總是猥瑣、獐頭鼠目的樣子。

其實，人的相貌好壞，與內在素質的優劣，並非都成正比。如果僅以相貌判斷人，最終必會失誤。

唐朝的安祿山，長得肥胖，肚子很大，一副忠厚的樣子。一次唐玄宗問他：「你這肚子裡都裝些什麼玩意？」他立刻答道：「我的肚子裡，裝的只有對您老人家的赤膽忠心，別的什麼也沒有。」

唐玄宗聽了心花怒放，對安祿山越發信任，後來，卻發生安史之亂，可見人的表相並不可盡信。

● 獨立的思考很重要

傾聽別人的意見固然很重要，但聽過之後，自己還要再思考。當確信自己的觀察、認識正確後，就絕不可輕易被別人的言論左右，即使一百個人當中有九十九個人唱反調，也要堅持下去。

不過，要注意的是，不要被偏見、成見束縛而固執己見。如何把握好分寸，全在於自己是否冷靜、公正、客觀。

尤其是年輕人，因為思想依賴性大，往往容易懷疑自己的直觀感覺，又容易受到外來意識的影響，輕易地動搖原先正確的判斷和見解。

任何人的見解都帶有一定的片面性和表面性，而且還常常染上好惡和感情色彩。如果將各種人的評價標準、鑑定意見加以比較，那麼不難看出，不同的人有著不同的評價標準，有些甚至是缺乏科學根據的臆測。

因此，成見不可有，定見不可無。

應記住，眼睛比耳朵更可靠，但是如果不能用頭腦進行認真的思考，那麼，眼睛看得再多，耳朵聽得再多，也毫無益處。

● 不要做極端的判斷

曾有人這樣寫道：「人，乃是宇宙間最錯綜、最完全的生物，結憐憫、友善、堅韌、頑強、智慧、高尚於一身；集自尊、自私、懶散、貪婪、愚昧、卑俗於一體。」

確實，一個人的性格是多方面的，儘管時常因一個側面的突出掩飾了其他的側面的存在。人都難免自我矛盾，在現實生活中，二乘二往往不等於四。

因此，不要做極端的判斷。作為社會人，心靈世界是極其複雜、極其豐富的，不可能只有單一顏色。

高爾基在他的長篇小說《三人》裡，曾經借主人公伊利亞的口說過這樣的話：「如果一個人是壞的，也還有好的地方；如果一個人是好的，也還有壞的地方。我們的靈魂是多色的，隨便什麼人都是如此。」

人性是不可能是單一的，假如你喜歡十全十美的標準人物，那麼或許能在文藝作品中得到滿足，但是窮極一生恐怕永遠也不

會遇到。人想要達到完善、完美，還需經過漫長的「修練」，而且未必成功。

　　總之，只有在實踐中考驗、識別一個人才是最可靠的，才能減少判斷失誤，認清身邊的好人和小人。

　　僅僅憑外在條件就對一個人下定語，往往不可靠也不可取。

透過假象也能看出真相

> 不論是用人或者交往，都不要被假象迷惑，唯有
> 透過現象看本質，才能發現具有真才實學之人，
> 不會被魚目混珠之輩欺瞞。

在這個人人都想出頭的年代，人往往會處心積慮地塑造自己，試圖以完美的形象與表現出現在公眾面前，讓別人無法立即透視。但是，不管再怎麼會製造假象，只要仔細觀察，就能了解真相。

以下幾種人，即便不是「小人」仍須加以防範。

● 華而不實的人

這種人口齒伶俐、能說善道、口若懸河、滔滔不絕。初接觸，很容易留給人良好印象，將他當做一個知識豐富、又善表達的人才看待。但是，必須分辨他是不是華而不實。華而不實、巧於詞令的人，往往將許多時髦理論掛在嘴上，迷惑識辨力差、知識不豐富的人。

三國鼎立時，北方青州一個叫隱蕃的人逃到東吳，對孫權講了一大堆漂亮的話，對時局政事也做了分析，辭色嚴謹。孫權為他的才華動心，問陪坐的胡綜：「如何？」

胡綜回答：「他的話，大處有東方朔的滑稽，巧捷詭辯有點像禰衡，但才不如二人。」

孫權又問：「當什麼職務呢？」

又答：「不能治民，派他當個小官試試。」

考慮到隱蕃大講刑獄之道，於是孫權派到他刑部任職。

左將軍朱據等人都說隱蕃有王佐之才，為他的大材小用叫屈，因此隱蕃門前車馬如雲，賓客盈門。當時人都奇怪這種有人說隱蕃好，有人說隱蕃壞的情況。到後來，隱蕃作亂，事發逃走，被捉回而誅，才證明是個小人。

可見對似是而非之人的辨識的確不易。

* 貌似博學的人

這類人多少有一些才華，也能旁及到其他各門各類的知識，喜歡高談闊論，似乎是博學多才的人。但相處久了就會發現博而不精，有欺人耳目之嫌。貌似博學者大多是青少年時讀了些書，興趣愛好都還廣泛，但是因為才能有限，或者學習條件與環境受限制，終究未能更上一層樓。

待學習的黃金年齡一過，雖有專精的願望，但已力不從心，最終學識停留在少年時代的水準上，不能再進一步。即便可能得到深造機會，由於意志力的軟弱，也只能再學到一些新知識的皮毛。這種人是典型的志大才疏。

* 不懂裝懂的人

不懂裝懂的人在生活中著實不少，尤其以成年之後為甚，這完全是因為愛面子、怕人嘲笑的緣故。

不懂裝懂的人是可怕的，會因此給團體或企業帶來許多損失。還有一類不懂裝懂的人是為了迎合討好某人，這種情況，有的是違心而為，在特殊場合下不得不如此，有的則是拍馬屁，一味奉承。

● 濫竽充數的人

這一類人有一定的生活經驗，知道如何明哲保身，維護個人形象。總是在別人後面發言，講前面的人早講過的觀點和意見。如果整合得巧妙，會使人不能覺察濫竽充數的本質，反而當做精闢見解。

這種人往往有他的難處，如南郭先生一樣，只是爲了混一口好飯吃。如果沒有其他壞心思，倒也不礙大事，否則就要趁早炒魷魚，或加以疏遠爲妙。

● 避實就虛的人

這類人多少有一點才幹，但總嫌不足，只好用一些旁門左道的辦法坐到某個職位上去。當面對實質性的挑戰時，比如現場提問，因無力應付，通常圓滑地採用避實就虛的技巧處理。

按理說，這也是一門本事，當副手也還無大礙，但要小心他們冷不防捅出無法彌補的大紕漏。

● 鸚鵡學舌的人

自己沒有什麼獨到見解和思想，但善於吸收別人的精華，轉過身來就對其他人宣揚，也不講明是聽來的，不知情的人自然會把他當高人看待。

這種行爲，說嚴重一點，是剽竊，因爲不用負法律責任（如果以文字的形式出現，比如論文、書刊，則性質比言論要重得多），不少人十分熱衷。這種人雖然沒什麼實際才幹，但模仿能力強，未嘗不是一種長處，可加以利用。

● 固執己見的人

不肯服輸，不論有理無理都是一個樣，這類理不直但氣很壯的人，生活中處處可見。對待他們，較好的辦法是敬而遠之，不和他們爭論。如果事關重大，則必須設法加以說服。

首先應該仔細分析這類人固執的原因：如果本來賢明而一時糊塗者，只要以理說之，並據理力爭，多半能說服；私心太重而沉迷不醒者，可以用迂迴曲折之道，半探半究地講到他心坎上去；實在是個糊塗蟲，不可理喻，就動用權力強迫他接受。

世間有許多假象，人身上也有許多似是而非的表象，看似優點，實則為致命的缺點。不論是用人或者交往，都不要被假象迷惑，唯有透過現象看本質，才能發現具有真才實學之人，不會被魚目混珠之輩欺瞞。

以正確態度和上司相處

不要對上司的挑剔或刁難太計較，能過去就過去，應該把自己的工作放在最重要的位置。

　　就像同事各有不同個性，上司的風格也完全不同，必須加以摸清。

　　如果你的上司是一個愛聽信讒言的人，那實在是你的一大不幸。為了避免和上司發生衝突，並使他明白你是受到了讒言的陷害，可以這樣做：

　　第一，運用技巧破除讒言的虛假，為自己洗刷清白。有人向上司進讒誣陷你，偏偏上司又聽信了讒言，這種情況對你極為不利。此時應拿出勇氣，以積極的態度迎戰，運用技巧揭穿事情真相，還自己清白。

　　第二，面對上司突然冷淡疏遠，或在會議上不點名、暗示性地批評，甚至故意製造工作中的矛盾為難、制裁，應當拿出勇氣主動找上司談一談，問清緣由，說明真實情況。

　　凡事如果拿到檯面上，公開地、坦率地說清楚，往往會收到較好的效果。

　　迴避的態度、忍氣吞聲的做法，只會使真相籠罩在一層迷霧中，加深上司對你的誤解，加大雙方的隔閡。所以，應當敢於正

視面臨的困境，並努力想辦法擺脫被動局面。

第三，化被動為主動。如果確切無疑地知道了是誰在背後進讒言陷害你，可以在上司沒找你之前先找到他，把一切實情坦然相告，這樣就可以化被動為主動。另外，為了制止進讒者繼續造謠生事，應當再凜然正色地找到這位當事人，以暗示性的口吻給予必要警告。

這類人往往心虛，你一找他，他就明白了。他們都慣於背後搞鬼，所以也不願公開撕破臉，不願發生使雙方都難堪的正面衝突。如果對方是個非常潑悍無禮的小人，則最好避免與他正面打交道，而是策略性地把話說給親朋好友知悉，讓他們轉告，間接制止他的惡劣行徑。

● 怎樣與愛挑剔的上司相處

碰到愛挑剔的上司是最令人頭痛的事了，由於他的存在，你常常會處於不自信的狀態之中，因為他總是打擊你的情緒。比如，你明明是完全按照他的吩咐去處理一件事，過後他又指責你辦事不妥。

在挑剔的上司手下工作，會覺得自己渾身上下的汗毛都是豎著長的，左右都不是，怎麼做都讓他看不慣。

不管怎麼說，碰到愛挑剔的上司，對下屬而言總是不利。那麼，該怎麼辦呢？

以下幾招不妨一試：

1. 弄清上司的意圖

當上司交給你一項任務時，應該問清楚他的要求、工作性質、最後完成的期限等等，避免彼此產生誤解。

2. 設法獲取上司的信任

假如上司處處刁難，可能是擔心你將來會取代他的位置。這時，你應該盡自己最大的努力使他安心，讓他明白你是一個忠誠的下屬。

你可以主動定時向他報告工作狀況，讓上司完全了解並掌握。一旦獲得他的信任，便不會對你提出不合理的過分要求。

3. 正視問題

不要迴避問題，尊重自己的人格，不卑不亢。正視問題，嘗試與上司相處，針對事情而不是針對個人。上司無理取鬧的時候，你應該據理力爭，抱著「錯了我承認，不是我的錯而要我承認，恕難照辦」的態度，論理而不是吵架，讓他感覺到你的思想、人格，以及堅持。

一個言行一致、處事有原則的人，自然不會被小看，就算老闆也不例外。

4. 別太計較

不要對上司的挑剔或刁難太計較，能過去就過去。應該把自己的工作放在最重要的位置。好老闆是可遇而不可求的，如果眼前的這份工作能滿足你的要求，比如豐厚的薪水、舒適的工作環境等，就不要輕易放棄。

如果你非常熱愛自己的工作，想好好做出一番成績，那就儘量不要把老闆的人品與鍾愛的事業同日而語。

● 怎樣與自私的上司相處

自私的上司常常只考慮個人的利益，從不站在集體的立場上考慮問題，更不會替下屬著想。為了滿足個人的利益，可以置團體或下屬於不顧，甚至不惜犧牲他們的權益。

在與自私的上司相處時應該注意：

1. 潔身自好

不能為虎作為倀，同流合污，因為這種自私的人什麼事都做得出，可能把得到的私利分你一半，但在引起眾怒時，也會把你拋出去當代罪羔羊。

2. 用沉默表示抗議

如果他的所作所為實在過分，可用沉默表示無言的抗議。聰明的上司會領會下屬沉默的含意，並稍作檢討。

3. 有原則地代上司受過

身為下屬絕不要輕易代上司受過，如十分重要的惡性事故，造成重大經濟損失或政治影響的事故，以及一些已經觸犯到法律的行為。

在這些情況下，如果你仍然為顧全上司的面子替他掩飾，甚至把責任攬到自己頭上，後果是不堪設想的，只會害了你自己。

● 怎樣與陰險的上司相處

這樣的人作了你的上司，可真是你的人生不幸，稍有不慎，就有可能成為他的報復對象。

與這樣的上司相處，只有兢兢業業，一切唯上司馬首是瞻，賣盡你的力，隱藏你的智。

賣力易得他的歡心，隱智易使他輕你，輕你自不會防你，也就不會害你。如此一來，或許倒可以相安無事。

這種地方原本就不是久居之所，如果希望在事業上有所表現，勸你還是從速作遠走高飛的打算。

● 怎樣與傲慢的上司相處

一些人之所以顯得傲慢，不可一世，是因為具有別人無法攀

比的優越條件，或者高人一等的才智。傲慢者最容易刺傷別人的自尊心，很讓人反感。

如果你的上司是這種人物，與其取寵獻媚，自侮人格，倒不如謹守崗位。一有機會，你就該表現出自己獨特的本領，只要確實是個人才，不愁他不對你另眼相看。

• 怎樣與頑劣貪婪的上司相處

頑劣貪婪的上司私欲太重，就像一個永遠也填不滿的無底洞，貪欲沒有止境。這些人，慷公家之慨，中飽私囊，是社會的一大蛀蟲。

遇到這樣的上司，該如何對待呢？

1. 按原則辦事

堅持原則，照章辦事，是工作人員應該遵守的紀律。不要因為他曾經栽培、提攜過你，為感恩戴德，就放棄原則，同流合污。

如果貪婪的上司想以巧立名目、偷樑換柱的方式滿足私欲，可用「不好報帳」、「財務檢查不好過關」、「審計太嚴格」等藉口予以搪塞和回絕。使他感到你「不好對付」、「不給面子」、「太死板僵化」、「難以打開缺口」。屢次碰壁後，就可能有所收斂。

當然，這樣做要頂著極大的壓力，冒著遭受打擊排斥的風險。但如果應允了，就會越陷越深，後果不堪設想。所以，要有勇氣頂住壓力，堅持原則，堅信「多行不義必自斃」這個亙古不變的真理。

2. 多留個心眼

如果迫於上司的壓力，不得不按照他的意思去辦，自己要多留個心眼，把一些可疑之處悄悄用本子記下來，待其事態敗露，

立即交出作為證據。如果掌握了上司貪贓枉法的確鑿證據，可採取匿名的方式，向有關部門打電話或寫信舉報，這是自保的最好方法。

　　適度的表現和自我保護，才能拿捏出和上司相處的最適切尺度。

小心，小人就在你身邊

只有擦亮自己的雙眼，練就一雙火眼金睛，學會看透人心，才能免在這個紛繁複雜的社會中受無辜的傷害！

俄國諷刺作家克雷洛夫曾經寫道：「通常小人像極了兩種動物，一種是哈巴狗，另一種則是禿鷹。」

因為，當你得勢的時候，小人就會像哈巴狗一樣圍繞在你身邊拼命搖尾，一旦你失勢的時候，這些原本圍繞在你身邊的小人，非但不會出手幫你，反而會像禿鷹一樣，爭相搶食你身上所剩無幾的「殘肉」。

因此，如果你想戰勝身邊的小人，就必須先認清以上小人的兩種嘴臉，然後不讓小人有絲毫靠近自己身邊的機會。

你是否曾為識人困難而苦惱過？

其實，大可不必，因為人的一半是天使，一半是魔鬼。純粹的君子是不存在的，為了一己之利，處處都有小人，如果不能發現、防範，不能和小人處理好關係，你就會常常吃虧。

這首先要從人性談起：第一，天下熙熙，皆為利來；天下攘攘，皆為利往。誰沒有私心，誰沒有慾望，人生一世，誰不渴望轟轟烈烈？

為了實現自己的理想、達到自己的目的，有人不擇手段，有

人背叛人性，所以總有小人出現！

第二，人爲財死，鳥爲食亡。從商者爲了收斂錢財，更是爾虞我詐，商場如戰場；爲了得到心儀的女人，爲了評上職稱……太多的誘惑造就了太多的追逐。在追逐慾望的過程中，每個人的人性都將得到洗練。

是高尚的還是卑鄙的，是君子還是小人，在利益面前都會圖窮匕現，而小人正是爲自己「打算盤」的人。

不是人性太壞，而是這個世界慾望太多、變得太快，讓初出茅廬的你就像霧裡看花，水中望月，怎麼也琢磨不透。

世界如此之大，在利益的驅使之下，什麼鳥都飛出來了。爲了尋求屬於自己的食物，各自糾纏不休，小人也就出現在你的身旁。

小人做事做人從不守正道，以邪惡的手段來達到目的。

他們喜歡造謠生事，且都另有目的，並不是以造謠生事爲樂；他們喜歡挑撥離間，爲了某種目的，可以用離間法挑撥同事間的感情，製造不合，好從中得利。

他們喜歡拍馬奉承，這種人不一定是小人，但很容易因爲受上司所寵，而在上司面前說別人的壞話。

他們喜歡陽奉陰違，這種行爲代表這種人的行事風格，他們對別人既能陽奉陰違，因此對你也可能表裡不一。

他們喜歡「西瓜偎大邊」，誰得勢就依附誰，誰失勢就拋棄誰；喜歡踩著別人的鮮血前進，也就是利用你爲自己開路，而你的犧牲他們根本不在乎。

他們喜歡落井下石，只要有人跌跤，會追上來再補一腳；喜

歡找替死鬼，明明自己有錯卻死不承認，硬要找個人來背罪；喜歡把自己的歡樂建立在別人的痛苦上。

害人之心不可有，防人之心不可無。特別是在現代社會，隨著經濟的不斷發展，通訊工具日趨發達，人與人之間的聯繫更加緊密。

我們沒有刀槍不入的金剛之軀，面對變幻莫測的世界，小人並沒有特別的樣子，臉上也沒有寫上「小人」二字，有些小人甚至還長得帥又漂亮，有口才也有內涵，一副「大將之才」的模樣，根本讓你想像不到。這時，我們只有擦亮自己的雙眼，練就一雙火眼金睛，學會看透人心，才能免在這個紛繁複雜的社會中受無辜的傷害！

小人難辨，小人難防。在利來利往的生活中，究竟該如何識別小人？如何防範小人？

先看清個性，才能避免小人危害，正是現實社會的生存之道。

如何看穿小人的招數？

很多事情並不如表面那樣簡單，背後可能有不可告人的目的，精明的職場人士必須處處提防陷阱，小心被自己的同事暗算。

你是否有過以下的經驗？某天，一位與你熟稔的同事提出建議，一起合作幫助上司整理歷年來的開會資料記錄，雖然此舉會增加工作負擔，卻不失為一個表現的好機會，可以博取升職與加薪。

你對於這樣的提議大表歡迎，甘願每天加班完成額外的工作，甚至沒有發出絲毫怨言。可是，你怎樣也想不到，對方竟然把全部功勞歸為己有，在上司面前邀功，結果只有他獲得上司的提拔，你又驚又怒，卻無濟於事。

為免日後再次被有心人所利用，你應該怎樣應付呢？

一、如果有同事提議與你一起完成額外的工作，你可以接受，但應當把各人負責完成的部分清楚記錄下來，留待日後作為參考。

二、假如有人替你戴高帽，稱讚你的工作能力如何驚人，無非想讓你助他完成工作，不要被對方的甜言蜜語所動。教導他如何處理難題就好，無須親自動手幫助他完成。

三、若你對於同事的行為與企圖有所懷疑，可以直接找上司談一談，避免徒勞無功，反受其害。

四、同事始終是同事，並非你最好的朋友，應該與對方保持一定距離。

當你發現某個同事原來一直在利用自己，必然怒不可遏，恨不得立刻拆穿他的西洋鏡。但你應該明白，衝動行事肯定不會有好結果。

如此說來，應該採取怎樣的態度呢？

有位同事經常公開讚揚你的工作表現，表示對你的辦事能力欽佩不已，後來知道原來他另有目的，就是要把你踩在腳下，繼而徹底拔除掉。

要是不願被此人繼續利用下去，就要有所行動了，最重要的是保持自己的清白和精明的形象。因為長此下去，容易遭人誤會，以為你與這同事其實是站在同一陣線的同伴。

當對方再次故意公開讚揚你，不妨中斷他的話。你可以這樣道：「其實這個任務不是由我負責的，是整個團隊的合作才能順利完成的。」

既讓他無可奈何，又對工作小組表明了心跡，情況必定可以改善。

假設某天你因公事與某同事一起出差，對方突然問你：「你跟夥伴間似乎有很大的問題存在，你如何面對呢？」

天地良心，你一直覺得與夥伴相處融洽，公事上大家都很合作，私人間也是客客氣氣的，何來問題呢？霎時間，你必定感到被當頭澆了一盆冷水。

此時應當冷靜一點，世事難料，這當中可能發生了不少問題，有直接的，有間接的，難以一概而論。

　　表面上，你必須表現得落落大方，微笑一下，反問對方：「你看到了什麼？」或者「你聽到了什麼？」

　　對方必然是支吾以對，你可以繼續說下去：「我們一直相處得好好的，我從不察覺到有什麼問題，也不曾因公事發生過不愉快事件！」這個說法，可收連敲帶打之效。

　　若對方是有心挑撥，或試圖獲取情報，如此一番話回應就沒有半點線索可讓他查到，間接地還拆穿了他。

　　不過，很多事情並不如表面那樣簡單，背後可能有不可告人的目的，必須處處提防陷阱，小心被自己的同事暗算。

別太信任你的「朋友」

保守秘密並不是對他人的不信任，而是對自己負責，你同樣也需要保守自己的秘密。

法國文豪羅曼‧羅蘭曾說：「在推心置腹的情況下，對身邊的知己所說的一些私房話，在日後可能會被這些知己用來做為攻擊你的武器。」

通常，圍繞在你身邊的小人，都會想方設法地成為跟你無話不說的「知己」，然後再藉著「知己」的這個身份，從你口中獲得一些在將來可以用來打擊你的材料。

許多人都信任且依賴朋友，卻往往因最好最親密的朋友而吃虧。

正如在安全的地方，人的警戒心總是鬆弛一樣，與好友交往時，你可能只注意到了彼此的親密關係不斷成長，每天在一起無話不談。

對外人，你會驕傲地說：「我們之間沒有秘密可言。」但不知道這一切往往會對自己造成傷害。

來看這個例子：

波爾美上大學後便違背了父母的意願，放棄了醫學學業，專心於創作。值得慶幸的是，一次偶然的機會，讓她遇到了知名的

專欄作家郝嘉，她們成了知心朋友，無所不談。

透過郝嘉的悉心指教，波爾美不久便寄給父母一張刊登著自己文章的報紙。

一個人對於挫折時受到的幫助是很難忘的，更何況兩人還是朋友。波爾美與郝嘉幾乎合二為一了，一同參加雞尾酒會，一同去圖書館查閱資料。波爾美把郝嘉介紹給所有自己認識的人。

但其實，郝嘉面臨著不為人知的困難，她已經拿不出與名聲相當的作品，創作力幾乎枯竭。

有一天，波爾美把最新的創作計劃毫無保留地講給郝嘉聽，郝嘉心裡登時閃過了一絲光亮。她端著酒杯仔細聽完，不住地點頭，罪惡想法就此產生。

不久之後，波爾美在報紙上看到了自己構思的創作，文筆清新優美，但署名卻是「郝嘉」。波爾美談到自己當時的心情時說：「我痛苦極了！事實上，如果她當時打個電話，解釋一下，我是能夠原諒她的。但我面對報紙整整等了三天，沒有得到任何音訊。」

「半年之後，我在圖書館遇到了郝嘉，互相詢問了對方的生活，以免尷尬，然後，很有禮貌地握手告別。自那件事以後，我們兩個人都不再創作。」

好友親密要有度，切不可自恃關係密切而無所顧忌，正如中國一句古話「見面只說三分話，未可全拋一片心」。

親密過度，就可能發生質變。過密的關係一旦破裂，裂縫會迅速擴大，好友勢必變成冤家仇敵。

也許有一天，你興沖沖地闖進了朋友的家裡，一面擦著自己頭上的汗珠，一面高聲喊叫，卻發現對方慌慌張張地藏著什麼東

西，相當詭異。

此時，請你不要追問，因爲這是他獨有的秘密，更不要因此而認爲他有意疏遠你，不相信你。心中藏著屬於自己秘密的人會認爲這是自己的權利，朋友沒有必要佔有。

保守秘密並不是對他人不信任，而是對自己負責。你同樣也需要保守自己的秘密，這一切並不代表你和好友之間的疏遠，如此反倒能使友誼更加可靠。斤斤計較，你一定會失去好友。

同樣，在朋友覺得難爲情或不願公開某些私人秘密時，也不應強行追問，更不能私自以你們的關係，去偷聽、偷看或悄悄地打探朋友的秘密，畢竟保守秘密是他的權利。

凡屬朋友個人的一些敏感性、刺激性大的事情，公開權利應留給對方。擅自偷聽或公開不屬於自己的秘密，是交友之大忌。

別讓小人的伎倆蒙蔽了目光

如果一個人先增強防騙意識，再具有必要的防騙
能力，是可以防止受騙的。

　　人是最擅長偽裝的動物，現實生活中道貌岸然的小人很多，
如果你不想老是受他們宰割，那麼就得放聰明一點，才不會老是
受騙上當。

　　行騙者與受騙者，是對立卻並行的存在。世上沒有行騙者，
怎會有受騙者？沒有受騙者，行騙者也沒有立足之地。

　　巴爾札克曾說過：「傻瓜旁邊必須有騙子。」這話並不一定
說凡受騙的都是傻子，但卻講出了行騙者被騙者之間的辯證關係。

　　人們之所以受騙，總有受騙的原因，或者說，之所以受騙，
是由於不具備必要的防騙能力。

　　要想不受騙，就必須提高自身的防騙能力。

　　真能夠避免受騙嗎？答案是肯定的。

　　個人只要具有一定的防騙能力，就可以防止受騙，或者說可
以減少受騙，避免受大騙、釀成大禍。

　　地產業在香港算得上是最大的交易，因此狀況層出不窮。

　　有一次，某金融公司從中國大陸到香港與一位大廈賣主接觸，
一開始整棟樓的開價是一・七八億港元，某金融公司認為偏高，

沒有答應。

經過幾次洽淡，雙方各持己見，於是商定第二天下午繼續談判。

次日，他們在一間會客室商談。忽然有幾個大亨打扮的人走進來，神秘地與樓房賣主說話，雖然聲音壓得很低，但仍可以聽見對話內容，請賣主將樓房價格升到一·八億元成交。

賣主將來人打發走之後，對某金融公司代表說：「剛才說的話，你們可能聽到了，他們開價一·八億我都不答應，給你們一·七八億，這是考慮你們同是中國人，我們應多少表示點愛國心。」

因為某金融公司早聽說有買樓房被詐騙之事，所以看到港方的行動，仍不為所動，堅持不讓步。

經事後了解，那幾個大亨，原來是賣主一方的人假扮。這是他們設的一計，以此誘騙某金融公司上鉤。

由此看來，在與他人交易過程中，如果事先有準備，能時時且事事提防，便可有效防止受騙。

要防止受騙，還需要具有一定的識騙、防騙能力。騙子騙人要掩蓋自己騙人的真面目，總是以某種假象出現。如果一個人先增強防騙意識，再具有必要的防騙能力，是可以防止受騙的。

只要稍加留意，種種破綻其實不難識破。

10

收藏展現自身的生活追求

喜愛收集衣服飾物的人，

大都愛打扮、喜歡揮霍，

想透過外表使自己成為眾人矚目的焦點。

MIND-READING

由偏好的音樂看出個性優缺

留意一下身邊親朋好友，甚至是對手喜歡的音
樂，將可以幫助你更輕鬆、更深入地了解他們的
內心。

　　一個人不管如何遮掩，內心深處最真實的一面，一定會透過
表情、情緒反應、肢體動作和特殊偏好顯現出來，想在這個爾虞
我詐的社會行走，就必須具備讀人讀心的重要本領。

　　聽音樂是人類生活當中一項重要的娛樂活動，尤其是在樂器
和音樂的種類越發多姿多彩、五花八門的現代。

　　很多人和音樂結下了不解之緣，把音樂當成知己，把自己最
深的感觸向音樂傾訴。有的人把音樂當成畢生理想追求，堅持不
懈；也有的人把音樂當成導師，藉從中得到的震撼來激發自己的
活力和動力。

　　由此可知，透過分析對音樂的喜好，也可以窺知人的某些性
格。

　　喜歡交響樂的人信心十足，躊躇滿志，凡事只看積極的一面，
能夠迅速和他人打成一片，但往往會因對別人盲目相信導致吃虧
受損失。

　　他們喜歡顯露自我，常處處強調自己的不平凡，希望在上流

社會中佔有一席之地，有不務實的缺點。

　　喜歡聽淒美歌曲的人多愁善感，心地善良，頗能體恤他人。歌曲如他們生命歷程中的燈塔，指引出前進的方向。在面對人生大起大落時，音樂常常能起推波助瀾的作用。

　　喜歡歌劇的人思想較為傳統保守，容易情緒化，易出現偏激行為。由於清楚這個弱點，所以總是極力控制自己，避免不愉快產生。
　　他們有很強的責任感，對一舉一動都要求認真負責，力求以完美的形象出現在大眾面前，處處要求盡善盡美。

　　喜歡搖滾樂的人害怕孤獨，不能忍受寂寞，喜動不喜靜，愛好體育運動。他們可能憤世嫉俗，對社會有許多不滿，經常控制不住自己的情緒，必須以音樂當作慰藉。喜歡團體活動，將音樂作為滿足各種慾望的工具。

　　喜歡進行曲的人多墨守成規，不求變遷，滿足現狀，但仍會力求臻至完美。對自己要求甚高，不允許所做的事出現半點差錯，可是現實中的不完美常常使他們動搖、失望，甚至遍體鱗傷。

　　喜歡鄉村音樂的人成熟老練，不會輕易做出令自己後悔或有損於利益的事情。他們細心又敏感，喜歡關注社會問題，樂於支持弱勢團體。生性追求安靜怡然，不喜歡大城市的紛繁與喧鬧，喜歡過完全由大自然控制的田園生活，並為此不遺餘力。

　　喜歡打擊樂的人個性耿直爽快，對生活充滿了希望，並會精心安排計劃自己的未來。為人處世以和為貴，同時也喜歡和人談天說笑，具有很強的社交能力，能夠得到大多數人的歡迎。

　　喜歡流行音樂的人屬於隨波逐流類型，在戀愛和人際交往過程當中多會遠離複雜的思慮，隨時準備被感情俘虜。他們不能忍受深層次的自省和強烈的感情，力圖透過聽音樂保持輕鬆和自在。

　　喜歡古典音樂的人理性較強，較能自省，能夠用理智約束情感。從音樂中汲取相當多的人生感悟，結果反倒使自己形單影隻、孤家寡人，因為很少有人能與他們的思想和感情產生共鳴。

　　愛好爵士樂的人，性格當中感性成分所佔的比例較大，做很多事情都只憑一時衝動，未充分考慮客觀實際。他們不喜歡受到約束，常我行我素，總是有一些荒唐的幻想。好追求新奇事物，討厭一成不變，五光十色的夜生活總能令他們流連忘返。由於生活與理想相差太遠，常常會感到一種莫名的恐懼，與難以化解的矛盾。

　　留意一下身邊親朋好友，甚至是對手喜歡的音樂，將可以幫助你更輕鬆、更深入地了解他們的內心。

看電視的習慣流露人的特點

一遇到自己不喜歡的節目就立即轉台的人，耐心
和忍受力都不強，但他們不會浪費時間、金錢、
財力、物力。

在現代人的生活當中，看電視幾乎是一項不可缺少的重要休閒活動。不過，除了提供人們娛樂之外，透過看電視，也可以觀察出一個人的性格特點。

有些人會一邊看電視一邊做其他一件或好幾件事情，如邊看電視邊看報紙、打毛衣或吃東西。這固然和所看電視節目的內容有一定關係，但也說明這樣的人大多很有彈性，能較容易適應各式各樣的環境。

在條件允許甚至是不允許的情況下，他們都很願意向自己、向外界進行挑戰，嘗試新鮮的事物。

在看電視時保持精神高度集中的人，多半辦事認真，做任何一件事情都能夠全心地投入。這類人的情感比較細膩，有豐富的想像力，提出的意見很容易獲得他人的共鳴。

對著電視，看著看著就睡著的人，除去工作特別累、精神非常疲勞的情況外，性格多隨和又樂觀。即便挫折和困難當頭，往

往也能夠笑著坦然面對，並積極地尋找各種解決方法。

　　一遇到自己不喜歡的節目就立即轉台的人，耐心和忍受力都不強，但生性很節儉，不會浪費時間、金錢、財力、物力。這類型的人獨立性很強，不屑於當那種一窩蜂追求流行的人。

閱讀喜好受知識學養的影響

喜歡讀推理、偵探小說的人，富於幻想和創造，
想像力也很豐富，面對困難時能夠從不同的角度
進行分析，

　　報紙是一種資訊載體，可以滿足人們很多需要，既可以了解
身邊的消息，也可以縱觀世界風雲，已成為生活中必不可少的物
品。

　　每個人都有不同的閱報習慣，如有的人拿到後只會粗略地看
個大概，有的人則會留到沒事做的時候，再拿出來細細品讀。

　　只閱讀喜歡的內容的人，拿到報紙後會用最快的時間將大概
了解清楚，有時甚至會為了滿足好奇心搶奪熟人的報紙。當發現
沒有自己喜歡的話題之後，會把報紙擱置一旁，偶爾抓過來作為
他用。他們大多活潑外向、幽默自信、喜歡熱鬧、廣交朋友，對
很多東西都感好奇。此外，很有領導才能，但做事往往不能精益
求精，有時會敷衍了事。

　　為了消磨時間而讀報的人，由於只是為了打發時間、尋找樂
趣，所以拿到報紙後往往隨手一扔，等感覺煩悶和無聊時才拿出
來看。他們的性格內向、情緒不穩、做事拖泥帶水、沒有魄力、
人際關係差、自視甚高，但有很強的想像能力，善於察言觀色，

爲人忠厚老實，不鑽牛角尖。

喜歡迅速瀏覽報紙內容的人，只要一拿到報紙，就會忘記置身何處，必先將各版的內容了解清楚，哪怕上班時間緊迫也置之不理。他們個性外向、富有活力、充滿自信、不善隱瞞、喜歡熱鬧、不遲鈍呆板；辦事周到積極，不排斥新事物，但有時喜歡張揚，聽不進他人的好意勸誡。

會抽時間細心讀報的人，買來報紙後並不急於閱讀，而會放在一旁，用最快的速度將手上的工作做好，等到沒有其他人或事分心的時候，再靜下心閱讀，並將重要的內容裁剪下來保存好。

他們個性較爲內向、不善言詞、講究實際、自控能力強、認真負責，能夠獨當一面，對交際應酬不感興趣，對他人也常顯得熱情不足。

除了報紙之外，由每個人偏好書種不同，也能看出人的不同性格。

偏好閱讀財經雜誌的人，不喜歡安於現狀，不甘寂寞，而且有冒險犯難的勇氣，個性爭強好勝、不願屈從，渴望超越別人。

他們崇尚權威，渴望榮譽，努力尋找發達的時機，好爲自己的人生譜寫出最光輝燦爛的一頁。

喜歡讀時裝雜誌的人，追求時尚，出手大方，以掌握最新服裝資訊和流行趨勢爲樂事，以顯示自己在此領域的水準和能力。可是因爲將時間和精力都花在外表上，忽略了內在修養，通常無能成就什麼大事業。

　　喜歡讀言情小說的人非常注重感情，能夠隨著故事情節的發展和小說中的人物一起悲歡。他們對事物有很強的洞察能力，而且自信又豁達，吃一次虧後學一次乖，會很快恢復元氣，有成就事業的可能，以女性居多。

　　喜歡看武俠小說的人富於幻想，追求浪漫，心底深處有某種壓抑很深的英雄情結，總是希望自己能出人頭地。他們的感情豐富，但有時過於細膩或者偏執，反而不受異性喜愛，通常為男性較多。

　　喜歡讀歷史書籍的人創造力豐富，講究實際，不喜歡胡扯閒談，會把時間都用在有建設性的工作上面，討厭無意義的社交活動。
　　他們能夠從歷史事件當中汲取對人生有意義的東西，具有很強的分辨是非能力，深受他人讚賞。

　　喜歡看傳記的人具有強烈的好奇心，做事謹慎小心但野心勃勃。他們善於衡量利弊得失，統籌全局，從不打沒有把握的仗，條件不成熟時絕不會越雷池一步，損及自身。

　　喜歡看街頭小報、期刊雜誌的人熱情善良、直爽可愛，善於使用巧妙又幽默的話語活絡氣氛。他們有非常強的收集和創造能力，趣味性的話題總是張口就來，經常是大眾眼中的小丑和寵兒。

　　喜歡看漫畫書的人，也都喜歡遊戲，童心未泯、性格開朗、

容易接近，無拘無束，喜歡自由自在，不想把生活看得太複雜。

他們對別人不會多加防備，往往在吃虧上當後才發覺自己是那麼的幼稚，不過，能夠「吃一次虧，學一次乖」，也不是壞事。

喜歡讀推理、偵探小說的人喜歡挑戰思想上的難題，富於幻想和創造，想像力也很豐富。他們善於解決難題，面對困難時，能夠從不同的角度進行分析，也樂於挑戰別人不敢碰的難題。

喜歡看恐怖小說的人，認為簡單的生活太乏味，渴望用刺激冒險活絡自己的腦細胞。他們有懶惰的性格，不喜歡思考，很難從周圍獲取樂趣和歡愉，同時對身邊的人不感興趣，不太合群，獨處一隅的時間較多。

喜歡讀科幻小說的人富有幻想力和創造力，常常被科學技術迷惑吸引，喜歡為將來擬定計劃，但不講究實際，缺乏持之以恆的精神。他們願意為他人喝彩，卻很少打造自己的輝煌成就，經常在幻想當中過日子。

想多方面了解人性，不妨試著從「書籍」下手，相信也會有所收穫。

收藏展現自身的生活追求

喜愛收集衣服飾物的人，大都愛打扮、喜歡揮
霍，想透過外表使自己成為眾人矚目的焦點。

如今，收藏已成為許多人的嗜好。

有人喜歡收集收藏品，為的是等待若干時日後升值；有的人
收集收藏品是為了提高個人修養，陶冶性情；有的人收集收藏品
為的是向別人炫耀，以顯示高雅脫俗，不同凡響；也有的人收集
收藏品是為了懷念過去。

收藏品五花八門，收藏者的性格也就各具特色。從一個人所
收集的收藏品，可以了解到這個人的部份性格。

收集象徵榮譽物品的人，通常對現狀不滿，總認為自己曾經
經歷的輝煌不應該那麼快地湮滅，應該繼續享受榮譽和鮮花。這
種人不懂得「長江後浪推前浪」的道理，所以只能依靠回憶過去
的光榮歷史撫慰心靈。

收集書籍、雜誌和報紙的人多有學識和上進心，喜歡在家裡
享受看書的樂趣，即使一人獨處也能自得其樂。

有些人藏書雖多，資料豐富，但大多數已經過時，沒有實用
價值，卻依然想憑藉以顯示自己博學，所以在實際生活中總是比

別人落後半拍。

收集照片、明信片的人喜歡回憶過去歡樂的情景，相片為他們和記憶中的人或景拉近了距離，使舊感情更加濃郁。

另外，向別人展示相片，也是介紹自己的一種方式。

有些人喜歡收集藝術品、古董，因為它們往往代表高雅、博學，更是財富的象徵，表明收集者注重自己的社會地位和身份。

由於這類收藏品的品質和價值是收藏者之間品味和目光的較量，所以他們的好勝心都很強。

收集旅遊紀念品的人，喜歡不斷地追求新鮮、奇特和怪異，並具有探幽索隱的探險家勇氣。

為了尋找令自己滿意的收藏品，他們樂於冒險，敢於出入高山野嶺、荒漠戈壁，在天南地北都留下旅行足跡。

收藏玩具的人易於滿足，知道分寸，家是他們最快樂的場所，寧靜安逸的生活是莫大的享受。

他們留戀過去，對曾經擁有過的一切感到自豪，並極力將所有美好時光保存於記憶當中。他們追求的就是年輕，總是想辦法重溫童年時經歷的快樂。

收集舊票據的人有很強的組織和領導能力，辦事細心、條理清楚、按部就班，但是常將精力浪費在無用的細節與沒有意義的過程當中，自以為是未雨綢繆，實則等同杞人憂天，因為擔心的危險出現的機會實在太渺茫了。

　　他們偶爾也有尋找刺激的念頭，但考慮到眾多的細節後總是無法行動，所以生活幾乎一成不變。

　　喜愛收集衣服飾物的人，大都愛打扮、喜歡揮霍，想透過外表使自己成為眾人矚目的焦點。

　　喜歡收集舊款式衣物的人，堅信自己的收藏品會再度流行起來，這是他們不可動搖的堅持。其實，保留了舊衣物，與之如影隨形的觀念和思想也就無法根除乾淨，但倔強的他們仍然相信這些舊衣物會再度流行，到時不但省錢省力，更代表自己擁有高瞻遠矚的獨到眼光。

　　收藏物必定和擁有者的氣質有聯繫，這一點，無庸置疑。

旅遊體現個人的生活追求

如果你想要了解自己或身邊人的真實性格，不妨觀察一下喜好的旅遊的地點或方式，也許會有一些意外發現。

　　旅遊是一種集吃、喝、玩、樂、行於一體的綜合性消遣活動，可以促進健康、增長見識、拓展人脈，更可以為自己的人生增添不少色彩。

　　心理學家研究發現，人們喜愛的旅遊方式，確實與自身潛在的性格有著相當密切的聯繫。

　　喜歡訪親探友的人，講究誠實守信，注重情感友誼。藉探訪朋友或親戚的活動，他們會獲得極大的快樂與滿足，因為他人的熱情款待，證實了自己對朋友付出的一切沒有付諸東流，做人無疑是成功的。

　　喜歡大海和海灘的人，性格保守、傳統，心事較重，不願暴露內心的真實情感，獨處一室享受私密空間是他們莫大的心願。無論對朋友還是事業夥伴，皆不注重或熱衷於私下的往來。由於有責任心而成為好父母，子女會得到莫大關愛和無微不至的照顧。

　　喜歡露營的人，性格當中保守的部分居多，推崇傳統倫理觀

念，嚴格按照崇高的道德標準行事，一舉一動都會吸引大眾的目光，具有很高的道德素養。

他們也擁護獨立，不喜歡受到長輩的庇護和約束，想像力豐富，能夠化平凡為神奇，有著講究實際的人生觀，與人交往不卑不亢。

喜歡自然景致的人，追求無拘無束，嚮往輕鬆自在，受約束的生活和一成不變的工作常常令他們苦不堪言，渴望眼前的工作馬上轉換為宜人的風景。有活力、有熱情，做什麼都得心應手，有著豐富的想像力，追求生活中的新思想或新事物是畢生的願望，能夠對自己的人生負起責任。

喜歡戶外活動，不喜歡室內活動的人，必須靠廣闊的外部空間激發自身的創造力和新奇的想像力。他們精力充沛，敢於迎接各種挑戰，能夠對自己的言談舉止認真對待，且通常能得到很好的回報。

喜歡出國旅遊遊的人比較時尚，站在時代潮流的最前端。喜歡求變，對新鮮事物懷有興趣，對人生充滿信心，樂觀向上，生活中的壓力經常在談笑風生之中化為烏有，總是過得瀟瀟灑灑，幾乎可以隨心所欲地決定一切。

如果你想要了解自己或身邊人的真實性格，不妨觀察一下喜好的旅遊的地點或方式，也許會有一些意外發現。

從益智遊戲看個性

研究喜歡的益智遊戲，可以作為輔助資料，對一個人進行分析、觀察和了解，深入了解他的內心世界。

「益智遊戲」就是以新方法運用舊知識來解決問題，經常接觸相關的遊戲，會使一個人逐漸變得更聰明富智慧。

不同的人會喜歡不同類型的益智遊戲，等同個人性格的一種展現。

喜歡魔術方塊的人，自主意識比較強，不希望別人把一切都準備好，自己卻不需要花費什麼力氣或心思，也不喜歡把別人的思想和意見據為己有，而是熱衷於親自鑽研並探索，哪怕需要漫長的過程並付出昂貴的代價，也不改初衷。

他們很有耐性，對某一件事情，在他人感覺到不耐煩的時候，往往還能堅持如一。他們的心思也很靈巧，觸覺相當靈敏，喜歡自己動手製作一些小玩意，從中得到成就感。

喜歡拼圖遊戲的人，自身的生活常常像拼圖一樣，好不容易把一幅完整的圖形拼好，緊接著又會變成一塊塊的碎片，常常會被一些意料不到的事情干擾和左右，甚至使長時間的努力付出全部付諸東流。

值得慶幸的是，這類型的人具有一定的忍耐力和信心，在不如意面前，不會輕易被擊垮，能夠保持奮鬥的精神，使一切重新開始。

喜歡填字謎的人，多是做事非常看重效率的人，希望在最短的時間內、花費最少的精力，將某件事情做到最好。他們很有禮貌和修養，與人相處時彬彬有禮，顯示出十足的紳士風度。多有堅強的意志和責任心，敢於面對生活中許多始料不及的困難和災難。

喜歡玩幾何圖形遊戲的人，多是比較聰明富智慧的，對事物常常會有自己獨到的見解，而不是人云亦云。

他們有很強的自信，生活態度積極樂觀，在思想上比較成熟，為人深沉內斂，常常一副成竹在胸的模樣。做某一件事情之前，要經過深思熟慮，前前後後把該想的都想到，在心裡有了大致的把握以後，才會行動。這樣即使出現什麼變故，也能很快找到應對的策略。

喜歡數位類益智遊戲的人，邏輯思維能力多半比較強，生活極有規律，有時候甚至到了死板的程度。

他們在為人處世方面並不圓滑也不世故，反倒過分地有稜有角，既易傷到別人，也會為自己帶來傷害。

喜歡腦筋急轉彎的人，對生活的態度雖然非常積極樂觀，但有時候並不了解生活的實質是什麼。他們的生活沒有什麼規律，對於各種事物的輕重緩急也沒有清楚的認識，常常會將時間、精

力甚至財力浪費在沒有任何意義的事情上面，反倒將正經事情耽誤了。可是，他們並不為此而懊惱或後悔，還會找各種理由安慰自己。

喜歡神秘類益智遊戲的人，性格中最顯著的特徵就是疑心比較重。在他們看來，世界上好像沒有一樣東西是可信的，對任何事物都感到懷疑，這種懷疑常常又沒有任何依據可言。

他們對事物的細節及一些細微的差別總是表現得極敏感，這樣的敏感往往又會成為自己懷疑的依據。他們會不斷地懷疑他人，但總是因為沒有充分的證據而感到苦惱。

喜歡在一張照片中尋找錯誤遊戲的人，生活過得多半不輕鬆，常常會被一些沒有任何理由的煩惱困擾，即便現狀一片大好，仍不由自主朝著不好的方面想。他們的胸襟不夠寬闊，很少注意到他人的優點，總是緊盯著缺點不放。

將某一英文單詞的字母隨意顛倒順序，組成新的單詞，喜歡這一類型文字遊戲的人，思維反應多是相當靈敏的，隨機應變能力很強。

他們對人的觀察也有一些獨到的見解，能夠很快又非常準確地洞察一個人的內心世界。在懂得了他人的需求之後，能馬上給予滿足。

研究喜歡的益智遊戲，可以作為輔助資料，對一個人進行分析、觀察和了解，深入了解他的內心世界。

自言自語，是老化的警訊

在頭腦當中沒有辦法妥善整理思緒，於是把頭腦
裡面想的事情不知不覺地用嘴巴說出來，這就是
老化現象開始的重大特徵。

人上了年紀，對於歲月的流失逐漸感到恐懼與不安，雖然口頭上常說自己還很年輕，但老化的現象卻會透過肢體語言流露。

我們經常見到，有的人在找東西的時候，常常會邊找邊自言自語，這種行為模式表現出什麼樣的心理呢？

「咦，照相機放在哪裡了呢？」一個男性一邊自言自語，一邊找著照相機。

妻子一般會稍微嘲笑一下總是忘記東西放哪裡的丈夫，這樣的畫面最常在中老年夫婦當中出現。

在找東西的時候會自言自語這種行為，在某種程度上可以看作是老化的現象，因此，如果你開始變得一邊自言自語地說著「奇怪，那個東西跑到哪裡去了」，一邊找東西的話，那麼最好要稍微留心一下了。

因為僅僅在頭腦當中沒有辦法妥善整理思緒，於是把頭腦裡面想的事情不知不覺地用嘴巴說出來，這就是老化現象開始的重大特徵。

　　老年人經常會重複說同樣的話，而且隨著年齡的增長，即使是腦袋中的一件小事也會不知不覺地用嘴巴說出來，這也可以看做是一種老化性的自言自語。

　　「今天可真是無聊呀！」一般這樣想著，是不會說出來的，而老年人卻經常會不知不覺地說出來，不禁讓人覺得很囉嗦。

　　因此，如果你在找東西時說著：「嗯，那個……那個，咦，那個，我到底是在找什麼呀？」連這樣的心理狀態都完全透過話語來表達的話，那麼最好要開始注意自己老化的現象了。

從飼養寵物看處事態度

喜歡養魚的人有生活情趣，是個充滿自信的樂天派，對事業和生活沒有過高的奢求，只想平平安安地度過每一天。

養寵物是一種休閒方式。

個人喜好不同，選擇的寵物自然相差懸殊，但是從心理學角度來看，不難發現其中一個共通性，那就是透過飼養的寵物，通常可以看出飼主的真實性格。

喜歡養鳥的人多半性格細膩，個性溫柔，相對的，心胸狹隘，同時會精心地打點屬於自己的空間。

他們不喜歡繁瑣的人際關係，交際能力差，性格孤僻。養鳥使他們能自娛自樂，打發多餘的時間和寂寞，成為生活中不可或缺的夥伴。

喜歡養魚的人有生活情趣，是個充滿自信的樂天派，對事業和生活沒有過高的奢求，只想平平安安地度過每一天。有人說這樣的人胸無大志，但他們多半一生快樂，這點實在令人羨慕。

一般而言喜歡養貓的人崇尚獨立自主，討厭隨便附和，為人處事直來直往，從來不委曲求全。

他們個性內向，喜歡寧靜和恬淡，會抑制感情流露，很少有人能進入真實的內心世界。這類型的人，由於嚴於律己，因而讓人感覺不到熱情活力，有時難免顯得矯揉造作。

喜歡養狗的人性格隨和溫順，待人親切，但缺點是容易隨波逐流，總是順著別人的想法做事。

他們個性外向，不喜歡寂寞孤獨，整天嘻嘻哈哈，與周遭朋友的關係融洽，交際能力出眾，性格爽快開朗，人情味濃，胸無城府，說話坦蕩直接，真實想法會立即從表情或行為舉止當中顯現。

另外，還可以細分：喜歡獅子狗的人性情活潑好動，像個大孩子；喜歡牧羊犬的人虛榮心較重，有喜歡炫耀自己與眾不同的傾向；喜歡名種狗的人肯定家境小康，且事業一帆風順；喜歡收留流浪狗的人，多半富有同情心。

11.

性格不同，紓壓方式就不同

用睡覺放鬆自己的人多半很聰明而且實際，

無論在什麼時候都知道自己的目標，

並且會努力尋找最快捷的方法。

MIND-READING

名片就是個人的品牌

見到人就遞自己名片的人，大多有十分強烈的表現慾望，喜歡把自己擺在顯眼的位置上。

名片是人們在交際過程中必不可少的媒介，可以說是讓他人認識自己的一個視窗，甚至囊括了一個人一生的成就和所得。

透過名片觀察人，正是一種識人的方法。

喜歡在名片上用粗大字體印上自己名字的人，多半表現慾望強烈，總是不時地強調自己、突顯自己，以吸引他人注意的目光。

這種人的功利心一般都很強，但在爲人處世方面卻表現得相當平和親切，具有紳士風度。

他們擅長使用某些手段來達到自己的目的，外表和內心經常不一致。表面上，他們相當隨和，但實際上，也有很強的個性，不容易讓他人真正地靠近自己。

他們善於隱藏自己，爲人處事懂得見機行事，而且能把握分寸，使所作所爲都恰到好處。

不在名片上印任何頭銜的人，大多個性較強，討厭一切虛僞、虛假、不切合實際的東西。

他們並不十分看重自己的身份和地位，也很少考慮別人對自

己的看法，只喜歡按照自己的意願做事情，不願受到支配和調遣。與此同時，他們也很少對別人發號施令。

這些人具有超乎一般人的想像力和創造力，所以經常會有所創新和突破。

名片的紙質、形狀和色澤都顯得相當另類的人，說明他們的表現慾望也相當強，而且喜歡賣弄。

他們大多崇尚無拘無束、自由自在的生活，喜歡做什麼就做什麼。這種人大多頭腦靈活，有不錯的口才，但習慣於獨來獨往，所以除了切身相關的東西以外，對其他任何事物都很難產生濃厚的興趣。

他們好惡分明，所以經常會招惹麻煩。在人與人的交往中，缺乏足夠的協調性，人際關係並不是很好。

喜歡用輕柔紙質製作名片的人，多半性情溫和，說話很有禮貌，而且用詞也很文雅。他們的思想浪漫，常期望有一些浪漫的事情發生，一般來說具有很強的審美觀念。

他們不太容易與人發生爭執，在條件允許的情況下，會盡力原諒對方，比較富有同情心，經常幫助和照顧他人。但這類型的人性格不算太堅強，意志有些薄弱，常會為自己帶來失敗和麻煩。

在名片上附加自己家裡住址和電話的人，大多具有較強的責任感，否則不會費功夫做這樣的事情。與此相反，恰恰有許多人為了逃避工作上的麻煩，拒絕透露自家的住址和電話。

喜歡加亮膜，使名片具有光滑效果的人，外表上看起來多顯

得熱情、真誠和豪爽，與人相交十分親切和善，但這可能只是他們交往中慣用的一種敷衍手段，實際上，虛榮心相當強。

在名片上印有綽號和別名的人，叛逆心理大多比較強，做事常無法與其他人配合。他們為人處多半比較小心和謹慎，但有些神經質，心中常常會冒出一些無端的猜疑，質疑別人的同時也懷疑自己。

這種個性使他們很容易產生自卑感，一旦遇到挫折和困難，缺乏足夠的信心，只想妥協退讓。從某一方面來講，不但沒有太多的責任心，還會想辦法逃避自己該負的責任。

同時持有兩種完全不同名片的人，除了本職所從事的工作以外，大都還有另外一份職業，可見得精力相當充沛，同時也具備一定的能力和實力，可以同時應付好幾件事情。

他們的思維和眼光較一般人要開闊，能夠看得更遠一些，常會有些深謀遠慮的策略和想法。由於興趣相對較寬較廣，所以懂很多別人不懂的東西，創造力很突出，常會有驚人之舉。

經常以「名片用完了」之類的話表示歉意的人，大多對生活和事業缺乏長遠的規劃部署，為人處世缺少必要的沉著冷靜，顯得輕率膚淺。而且因為無法很好地處理各種人際關係，讓旁人對他產生戒備心理。

不分時間、地點和場合，見到人就遞名片的人，大多有十分強烈的表現慾望。他們喜歡把自己擺在顯眼的位置上，讓所有人都能看到。見人就發名片，正是這種性格淋漓盡致地表露，他們

把自己的名片當成了宣傳單使用。

　　這類型的人多半有強大的野心，但很少輕易表露，在一言一行上都顯得小心翼翼，但若是細心觀察，還是能夠看出潛藏野心的存在。

　　經常若無其事地掏出一大堆別人名片的人，目的是為了誇耀自己，希望他人能夠對自己另眼相看。

　　這類型的人自我意識多比較強，總是以自己為中心，容易自以為是。他們的社交能力、組織能力相當好，具有不錯的口才和充沛的精力，因而辦事成功的機率相當大。

　　下一回，接過名片時，不妨多看幾眼，說不定可以得到更多訊息。

從記事本使用方式看出交友態度

想了解一個人，想知道對方的真實性格，以及對
方的交往態度，不妨從觀察通訊記事本開始。

由於名片和手機通訊錄的廣泛使用，使記事本有被社會淘汰
的趨勢。但是對許多人來說，還是一種非常重要的生活用品。名
片總是有用完的一刻，手機沒電就無法查詢資料，所以記事本仍
有一定的功用。

另外，從一個人使用記事本的方式，也可看出他的性格。

使用昂貴記事本的人，頭腦多半很清醒，知道這一生不能光
靠單打獨鬥，一些能夠給予自己幫助的貴人是必不可少。

選擇這樣的記事本正是為了提醒對方自己對他們珍視的程度，
同時也向他們保證會極力維繫彼此間的關係。

有些人喜歡使用廉價的記事本，最大的優點就是隨時都可以
丟掉而不感到半點可惜，通常來自「十元商店」或公司贈品。

他們對記事本的態度，與對同事和朋友的態度沒什麼兩樣，
輕輕鬆鬆地來，簡簡單單地去，絕無拖泥帶水地留戀。

正因為他們容易忘記別人，別人同樣不會對他們依依不捨。
他們喜歡新鮮的東西、住處、工作、朋友和情人。

使用皮夾或皮包式記事本的人，常會莫名其妙地不安，生活中的很多事情都讓他們畏縮不前，比如到新的公司工作、去拜訪一個權威人士、到醫院檢查身體……等等。

所以，他們更加需要記錄詳細、分類清楚的皮夾式筆記本，以得知哪個朋友可以幫助自己渡過難關。

對他們而言，懷揣著這樣的記事本，無疑等同擁有了一顆定心丸。

每年都更換通訊錄的人，多半將有用的人轉到新的通訊錄上，沒有用的人連同舊通訊錄一同丟進垃圾桶，因而會給人勢利的感覺。

這種做法雖然讓人覺得現實，但其實正是誠實的表現，顯示他們不會做虛偽的事，向來都將真實的自我呈現在大眾面前。

珍藏通訊錄的人，是將昔日所有的感情都歸結於歷史。儘管彼情誼已經消失，但依然希望能夠再度擁有；雖然大家已經各奔東西，但還是興致勃勃地在有空的時候聯絡故友，特別是舊情人。雖然有時會被拒絕，但對其他人還是深情依舊，是十分重感情又念舊的人。

沒有通訊錄，口袋中只有縐縐巴巴的紙團記錄著一個電話號碼，或是看過的書中夾著一張寫著電話號碼的紙條，甚至手上隱隱約約寫著昨天記下的號碼。

這樣的人，其實不僅電話號碼漫天飛，其他生活用品諸如襪子、鞋子和髒衣服等更是觸目皆是。

　　也許他們是爲了工作而無暇顧及身邊瑣事，但這種做事無條理的態度，也多使他們的理想無法變成現實。

　　想了解一個人，想知道對方的真實性格，以及對方的交往態度，不妨從觀察通訊記事本開始。

生活品味決定了購物方式

看目錄購物的人，做任何事都喜歡按照一定的規律和計劃完成，否則可能會感到手足無措。

去商場、超市購物，幾乎是每個人每天都會做的事，付出一定的金錢就可以得到自己想要的商品，這是一種交易。

雖然都是在做同樣的交易，但不同的人卻有不同的方式。透過觀察一個人的購物方式，也可以對人的性格進行分析。

請別人代自己購物的人，大都是將時間安排得非常緊湊，工作和學習非常繁忙的人。在他們看來，購物算不上一件什麼大事，不值得自己抽出寶貴的時間親力而為。他們在為人處世等各個方面多半比較保守、傳統，但會儘量使大家對自己的表現滿意。

在商品打折時選購物品的人，多半比較現實，懂得精打細算，甚至有點唯利是圖。他們的個性固執，遇事雖然會與他人協商，但最後卻會頑強地堅持自己的觀點不放。

看目錄購物的人，組織性、原則性強，做任何事都喜歡按照一定的規律和計劃完成，否則可能會感到手足無措。這類人比較健忘，所以需要有人不斷提醒他們在什麼時間該做什麼事情。由於隨機應變能力並不強，偶發的事件常讓他們無法接受。

喜歡全家人一同出外購物的人，多有較傳統和保守的價值觀，家庭在他們的心目中居於無可替代的地位，心中有著強烈的責任感和深深的依戀。家庭很可能是一切行為的最基本出發點，強烈影響他們行為處世的習慣，而他們的家庭狀況也非常和睦。在外人看來，這樣的人整天圍著家庭轉，生活似乎太乏味了，但他們自己卻很滿足於目前的生活。因為生活態度非常實在，選購的物品多半既經濟又實惠。

需要的時候沒有，不需要了以後才購買的人，似乎在任何一方面的行動都比別人慢一拍，但他們並不為此而惱火。他們的表現慾望很強，希望自己能夠引起他人的注意，所以時常會故意耍一些小伎倆。

會花一整天時間購物的人，個性多半比較開朗、樂觀，常常沒有理由地就感覺心情不錯。他們為人處事比較有耐性，總是能夠找到很多理由和藉口安慰自己，堅持到最後。

他們有強大的野心，常常會為自己設定許多遠大的理想和目標，並且實現理想的態度也相當積極，可是嚮往的那些理想和目標，從某種程度上來說並不太符合現實，到最後多半無法美夢成真。

但透過這個過程，他們仍得了不少收穫。

付款習慣和個性密切相關

收到帳單以後就立即付款的人，多是有魄力者，
做事當機立斷，從來不拖泥帶水。

任何小動作都和內在個性思想、個性相關，即便只是付款也不例外。

採用什麼樣的付款方式，和處理生活中其他瑣事有著相似之處，同樣可以觀察出一個人的性格。

喜歡親自付款的人，個性大多比較傳統保守，對新鮮事物的接受能力比較差，偏重於循規蹈矩，守著一些過時的東西，欠缺冒險精神。他們缺乏安全感，常有自卑心理，但又極希望獲得他人的肯定。

能拖多久就拖多久，最後關頭才付款的人，多有貪便宜的心理，比較自私，缺乏公平的觀念，總是希望自己能少付出或根本不付出就得到回報。他們在一般情況下不會輕易地關心和幫助別人，對人雖不算太冷淡，但也稱不上熱情。

把付款的任務推給別人的人，常無法堅持自己的原則和立場，習慣於服從和聽命於他人。他們的責任心不強，習於找理由和藉口為自己的錯誤行為開脫。在挫折和困難面前，會膽怯、退縮。

收到帳單以後立即付款的人，多是有魄力者，凡事說到做到，拿得起放得下，做事當機立斷，從來不拖泥帶水。他們的個性獨立，為人真誠坦率。

採用線上付費服務的人，容易接受新鮮事物，並懂得利用它們為自己服務，但由於對某些東西的依賴性太強，常常會使他們喪失主導權，因而受控於人。除此以外，他們對人有很強的信任感。

性格不同，紓壓方式就不同

用睡覺放鬆自己的人多半很聰明而且實際，無論在什麼時候都知道自己的目標，並且會努力尋找最快捷的方法。

現代社會競爭越來越激烈，人的壓力也越來越大。為了保持身體和心理的健康以參與競爭，需要進行自我調節，找到一種放鬆並紓解壓力的方式。

採用什麼樣的方法放鬆，要根據自己的實際情況和需要決定，從中也可反應出一個人的性格。

以心理療法放鬆自己的人，多半是完美主義者，凡事總盡力追求做到最好，否則就會感到不安。他們的整體能力還算不錯，但卻總不能如自己所預料的那樣引人注意。

用運動放鬆自己是一種很有效的方式，在運動的疲憊中可以暫時忘記一切。這類型的人多半比較內向，缺少朋友，不會輕易向他人傾訴自己的心事，尤其面對比較熟悉的人更是如此。

他們的意志堅強，在挫折和困難面前雖然有時也會表現得失望頹廢，但只是暫時，多半都能夠勇敢地站起來面對一切。

採用自然療法放鬆自己的人，比較開朗樂觀，很受周遭人的

喜歡。他們待人真誠、樸實，說話直截了當，有什麼說什麼，不會遮遮掩掩。但是因為厭惡工作，所以很難以單純、自然、放鬆的心情投入到工作當中。在工作中，即便什麼麻煩也沒有發生，仍可能突然間感到煩躁。

採用行為治療法放鬆自己的人，有很多並不具備自我主張，很容易向他人妥協，聽從他人的安排和調度，是樂於被管理的一群人。不願意自己動腦筋思考，喜歡有人把一切都安排得好好的，如此，自己只要按著步驟與規矩去做就可以了。他們是負責的人，會盡力把每一件事情做好。

採用睡覺放鬆自己的人多半很聰明而且實際，無論在什麼時候都知道自己的目標，並且會努力尋找最簡單、最快捷的方法去實現。他們有一點固執，不會輕易接受他人的意見，對原則和理論上的東西並不十分看重，而是著眼於非常具體、看得見、摸得著的實例。

不接受任何治療方法，任壓力自然發展，這類型的人，有較強的獨立自主觀念。無論發生什麼事情，絕大多數時候，並不企圖依靠外界的力量解決問題，只寄望於自己，並且充滿信心。

他們並不特別相信誰，尤其是那些被絕大多數人視若神明的人，更有點不屑一顧。他們自給自足，很容易滿足，而且不希望現狀被改變。

從臥室風格看一個人的性格

如果有機會參觀他人的臥室，千萬要仔細觀察，
把握大好機會。屋主是一個怎樣的人？是否值得
交往？會不會是個表裡不一的人？凡此種種，他
的臥室都可以回答你。

在一棟房屋的所有房間中，臥室是最私人的空間。

一個人可以使臥室成為一個私密性極高的地方，只有自己可
以進去；也可以將它變成一個公共空間，與他人一同分享。

所有個人用來裝飾臥房的東西，由床鋪的床單到牆上的繪畫，
都暗示了自身是個什麼樣的人。

● 起居室就是臥室

這類人的臥室就是生活的中心，用來吃飯、娛樂，當然也用
來睡覺。

窗戶沒有窗簾，門也沒上鎖，很希望別人了解自己，一塊分
享個人的興趣和歡樂。他們喜歡創造一個屬於自己的天地，甚至
很認真地考慮在靠床的地方擺一台小冰箱。

這種人的作息起居全在一個房間裡，認為這麼做可使挫折感
減至最低，得到最大的安全感。

● 英雄式臥室

這類人的臥室牆上貼了每一位曾經崇拜、景仰過的人物海報，而且每張海報裡的人頭都比真人還大。

他們覺得面對偶像要比和一般人相處容易，容易放棄身邊唾手可得的東西，追求遙不可及的事物。這類型的人對自己沒有自信，因而把偶像們看得比生命還重要，看得比自己還高。

● 睡覺用臥室

無論這類人的臥室樸實到只有四面白牆，以及一張輕便的小床外加床頭櫃，或者正式到變成一間內含沙發、小茶几的套房，對他們而言，都只不過是一間睡覺用的臥室而已。

裡頭每一件東西都有自己的位置，有特定的空間。這種人會嚴格控制自己的情緒，做事要求一定的規矩。

他們不在客廳做愛，不在床上吃飯，也不在沙發上睡覺。

● 裝潢過的臥室

如果一間臥室裝潢得美輪美奐但卻不具個人風格，那這間臥室的主人一定是有格調且守規律的人。

這樣的人不太信任自己的判斷力，深怕會因為多擺了一盆盆栽，貼了一張海報或一張照片，就破壞了整體的裝潢。

這種人能應付各種麻煩而不製造麻煩，也是一個寧可奉命行事而不願當長官的人。雖然很誘人，可是他的客人從不知道該怎麼做，才能常到他的臥室裡坐坐，因而感到有些茫然被動。

● 倉庫式臥室

別人的房間都整齊、清潔，適合朋友來訪，但這種人的臥室卻是個危險地帶。雖然家裡其他廳房相當整潔，代表他想留給別

人良好的印象，但臥室卻完全私反應出私底下的邋遢。

表面上看來，這種人似乎十分感性，而且人見人愛，可是那間到處是待洗衣物和雜物的臥室，卻告訴別人事實並非如此。

● 玩耍式臥室

這種人就像一個大孩子，會邀請其他人到自己的房間玩，臥房裡甚至有鏡子、玩具、用來打枕頭戰的軟枕頭以及小水槍。這是因為這種人沒辦法直接表達心中感受，因而希望透過遊戲的方式，達到溝通的目的。

● 孩提時代的臥室

這類人可能仍保有小時候第一間臥室中留下來的傢俱、紀念品、玩具、隊旗，以及掛在牆上的獎狀和畢業證書。

他們還沒準備好要離開父母親的保護及管束，還沒準備好要離開童年，還沒決定長大獨立之後要做什麼。改變對他們而言是一件可怕的事，因為他們是那種需要經過深思熟慮才敢冒險嘗試的人。

● 性別歧視者的臥室

過度女性化或過度男性化的臥室，表示對自身的性別確認得十分清楚，但也同時卻對異性感到恐懼。

蕾絲床單，一張有罩篷的床，或深棕色、尖銳的邊角以及堅硬的床板，都令異性覺得他們是入侵者，格格不入且手足無措。

這樣的臥室是專為擁有者所設計的，沒有一個客人能在裡頭待得安心，因為主人並不真的想讓別人認識自己。

　　如果有機會參觀他人的臥室，千萬要記得仔細觀察，把握大好機會。

　　屋主是一個怎樣的人？是否值得交往？會不會是個表裡不一的人？凡此種種，他的臥室都可以回答你。

從床鋪的選擇看穿性格

不僅從臥室擺設可以看出個性，床鋪的設計更是
深層意識的展現，用無聲語言向接觸的每一個人
揭露內心世界。

　　人的一生中，有三分之一的時間是在床上度過，可能是在床
上做夢、睡覺、做愛，或只是躲在被子下。

　　床是人們分享最親密想法和經驗的地方，因而從中也能看出
主人的個性。

●睡單人床的人

　　睡單人床表示從小到大的教育方式對道德觀影響深遠，而且
對自己的社交關係限制得十分嚴格。這種人普遍說來是一個保守
主義者，結婚之前，不會和別人分享自己的床。

●睡四分之三的床

　　這種床比單人床大一點，但比雙人床小一點。

　　這代表和某人同床共枕時，喜歡和對方很親近。這種人可能
沒有伴侶，不過這段時間不會太長，雖然還沒準備好對某人做完
全的承諾，不過，大約已經準備好七十五％了。

●睡特大號床的人

這種人需要有自己的空間，用來玩耍或逃避。他們會不計代價地避開被囚禁的感覺，為的是滿足自己對自由和獨立的渴求。有了特大號床，只要他想和伴侶保持距離，隨時都可以做到。

● 喜歡睡圓床的人

根本不曉得哪一頭是床頭，其實他們也不在乎，認為因為這樣，生活才更有意思。既定的規則無法侷限這種人，他們做任何事情都沒有一定模式，做愛更是如此，從哪開始對他們都一樣。

因為做事隨心所欲，所以有時顯得行徑怪異。

● 睡沙發床的人

這種人可能還沒意識到，但對已經壓抑多年的性欲有著深切的罪惡感。偶爾他會放縱自己，然後再否認曾有過的那番經驗。

每當他們把床折成椅子形狀時，關心的只剩事業，把自己的其他感情和床墊一塊兒隱藏起來。

● 喜歡睡榻榻米的人

這種人喜歡讓自己睡在地板上，這種來自東方半斯巴達式的地板墊子，有股自律的意味。它們就像地板一樣硬梆梆，而這點正合他們的心意，因為他從來沒打算讓自己太舒適自在。

● 喜歡床有鏡子的人

可能有人說這種人非常自戀，不過這和事實有頗大出入。實際上，他們不太信任自己的情感，經常跳出來，彷彿在一旁觀察自己。或許，有了床上方的鏡子，他才能夠徹底相信，某次難忘的經驗真實地存在。

● 喜歡水床的人

這種人很善變，是真正明白該如何「順應潮流」的人。他們可以把過去的所有性經驗完全融合在一起，使自己成為一個極度性感、令人滿意的伴侶。

做愛時，相當投入，能達到忘我的境界，完全忘了時間、忘了地點，沉溺在一波又一波的愉悅和溫暖中。

● 喜歡銅床的人

床就是這種人的城堡，所以四周有精巧的金屬架，四角有四根柱子，覺得自己十分容易受傷，甚至在睡覺時也需要保護，才不會受到他人攻擊。企圖卸下這種防禦心的人，會由於無法攻破這道堅實的堡壘而備感挫折。

在進行性行為前，為了審慎和諧起見，他們會把雙方該扮演的角色劃分得一清二楚，由誰主控、誰服從全部都先講好。

● 喜歡自動調整床的人

睡這種床，只要輕按一下按鈕，就可以抬高或放低人的頭和腳，而且可以調整出上千種位置。喜歡這種床的人是個完美主義者，無論花多少成本、費多少心力，都一定要追求最好。

這種人為人嚴苛，難以取悅，會刻意塑造環境迎合自己的需求和想法，而且堅持到底，不願意順應他人，但要求別人適應。

● 早晨不整理床鋪的人

這種人既不曾有過一位像嚴格的長官一樣巡視床鋪的母親，也不曾遇見一位像母親一樣檢查床鋪的嚴格長官。

自以為對人生的態度相當的超然，但其實真實性格就反應在現實生活裡，不過是既懶惰又無紀律的人罷了！

• 早晨整理床鋪的人

如果在早晨下床前就把自己的床鋪整理好，代表愛整潔、擅長打扮自己。不過，如果每天早上都一定要把床鋪整理得極度漂亮，那就是有潔癖。這種人會把浴室中的每一條毛巾都疊得整整齊齊，將家中每一個角落都打掃得一塵不染，甚至在沙發上蓋一層塑膠套子。別人前來作客根本無法放鬆心情，因為他無時無刻都在找尋掉落的塵屑。

不僅從臥室擺設可以看出個性，床鋪的設計更是深層意識的展現，用無聲語言向接觸的每一個人揭露內心世界。

性格為運動方式做出選擇

邊做事邊運動的人，是一個會讓現實工作變得有
挑戰性、更富價值的天才。

　　從靜態的觀察可以看穿一個人，從「運動」下手也有相同效
果。若是一個人特別喜愛某種運動，透過這個選擇，會顯露他在
身心兩方面的需求，進而展現出他的個性。

● 體育館或健身俱樂部

　　這類型的人喜好在俱樂部運動，只要不是一個人，並不反對
為了鍛鍊身體、維持健康而受苦。他們喜歡有人陪自己一起運動
健身，這樣運動完後，在蒸氣房裡，就有伴可以互相聊天。

● 有組織的運動

　　無論是在學校的操場打籃球，或是在海灘上打排球，這種人
喜愛的不是運動，而是參與過程中得到的樂趣。

　　成為團隊中的一份子，這點在他們的生命中佔了很重要的地
位。下班後和他們一塊兒打球的那些人，通常是認識已久的老朋
友。

● 家庭運動器材

　　廣告使他們相信，選擇這類方法不需要費多少力氣，就能夠達到真正運動的效果。不過，他們很快就會發現，只有廣告裡的模特兒才有辦法邊運動邊露出笑容，自己買來的運動器材多半擺在大廳裡生灰塵。

●重量訓練

　　喜歡舉重的人比較在意形式，較不重視內涵，最在乎的是外表，希望自己有一副好得不得了的身材。

　　舉重賦予他們令旁人稱羨的力量，這使他們覺得自己很特別，能夠完成沒幾個人可以做到的事。

●競走

　　這種人討厭跟隨人群，偏愛展露自己特殊的品味。如果時下正好流行某樣東西，一定會另外找個新花樣，力求不符合傳統。

●有氧舞蹈

　　喜歡這種形式的體操，表示對自己身體抱著一種圓融的態度，因為每一動作間的連接都得求自然流暢。

　　為了展現優美的舞步，同時培養耐力，他們除了著重肌力的訓練外，還特別在意體態的優雅。這種人不排斥做一些別人覺得既繁重又乏味的工作，懂得把工作當成遊戲的訣竅。

●騎自行車

　　選擇這種運動的人，比喜愛慢跑的人更加實際，曉得如何以同樣的能量走更遠的路，此外，還可以同時運動大腿。

　　愛好自行車的人，通常很靈活，會經常設定不同路線，不像

慢跑的人通常都順著同一條路線跑。

● 瑜伽

瑜伽與外在行動及內在器官的流暢性有關，尤其和身體的柔軟度更是關係密切。喜愛練習瑜伽的人，深刻體會到呼吸是控制生命的一種方法，也了解冥想和體力的發揮同樣重要。在一般情況下，練習瑜珈有助於拓展視野，使人對事情的看法更透徹圓融。

● 邊做事邊運動

這種人會在除草時做彎膝蓋的動作，或在掃除時做運動，由此可見他們是想像力豐富的人，是會讓現實工作變得有挑戰性、更富價值的天才。他們可能不太喜歡做家事，但不會抱怨，反而設法把做家事的過程轉變為一種自我修養、自我改進的訓練。

想使他們覺得厭煩、無聊，恐怕是一件很難的事。不過，這種人如果想使別人覺得厭煩、無聊，倒是易如反掌。

● 散步走路

走路雖然沒辦法出鋒頭，但卻是一項最健康的運動。走路既不稀奇，又不時髦（就和這種人的為人一樣），但長期走下來，卻令人受益無窮。

這種人對需要緊急完成的計劃沒興趣，不喜歡馬拉松賽跑，也不愛吸引他人注意，是有耐心的人，也有信心面對一切事物挑戰。

生活講義

155

活學活用讀心術全集

作　者　王　照
社　長　陳維都
藝術總監　黃聖文
編輯總監　王　凌
出版者　普天出版社
　　　　新北市汐止區康寧街 169 巷 25 號 6 樓
　　　　TEL / (02) 26921935 (代表號)
　　　　FAX / (02) 26959332
　　　　E-mail：popular.press@msa.hinet.net
　　　　http://www.popu.com.tw/
　　　　郵政劃撥 19091443 陳維都帳戶
總 經 銷　旭昇圖書有限公司
　　　　新北市中和區中山路二段 352 號 2F
　　　　TEL / (02) 22451480 (代表號)
　　　　FAX / (02) 22451479
　　　　E-mail：s1686688@ms31.hinet.net
法律顧問　西華律師事務所・黃憲男律師
電腦排版　巨新電腦排版有限公司
印製裝訂　久裕印刷事業有限公司
出 版 日　2019 (民 108) 年 8 月第 2 版
ISBN◉978-986-389-651-7　　條碼 9789863896517
Copyright◎2019
Printed in Taiwan ,2019 All Rights Reserved

國家圖書館出版品預行編目資料

活學活用讀心術全集／
王照編著.—第 2 版.—：新北市，普天
民 108.08 面；公分.-（生活講義；155）
ISBN◉978-986-389-651-7（平裝）
CIP◉177.2

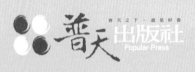
普天之下，盡是好書
普天出版社
Popular Press